わかる！ 取り組む！

新・災害と防災

③ 火山

帝国書院

はじめに

2011年3月、東日本を大きな地震と津波が襲い、東北地方の太平洋沿岸部は壊滅的な被害を受け、多くの犠牲者を出しました。日本ではその後もさまざまな自然災害が発生しましたが、近年においても平成30年7月豪雨(2018年)、令和元年東日本台風(2019年)、令和2年7月豪雨(2020年)など、毎年のように大きな水害が発生しています。また、冬期には交通機関がストップするような大雪があり、気象災害は激しさを増しています。そして南海トラフ巨大地震や首都直下地震など、遠くない将来に発生が心配される大きな地震や津波もあります。この本の発刊直前には、令和6年能登半島地震(2024年)が発生しました。

私たちが暮らす日本では、これまでも大きな自然災害の発生と被害からの復興を繰り返しながら生活してきました。もはや、自然災害は自分には関係ないこととはいえず、いつか起こることとして考えるべき状況といえるでしょう。では、災害が起こったときにどうしたら生きのびることができるでしょうか。被害を最小限にとどめることができるのでしょうか。もし本当に災害にあってしまったら、私たちはどうしたらよいのでしょうか。

古来、日本人がどのように自然災害と向き合い、乗り越えてきたのかを先人から学ぶことは、その手がかりの一つとなることでしょう。しかし、科学技術がどれほど発達しても、災害を引き起こす自然現象を正確に予知することは難しく、ましてやそうした自然現象自体を止めることは不可能です。この事実を受け止めたとき、重要なのは私たち一人ひとりの考えと行動です。今回新たに発行された『わかる！ 取り組む！ 新・災害と防災』は、過去に起こった災害の記憶や教訓を風化させることなく、読者のみなさんが「自分ごと」として取り組むことを目指しています。自然災害を正しく理解し、みなさん一人ひとりの防災に対する見方・考え方を育んでほしいと願っています。

さあ、私たちの未来のためにページをめくってみましょう。

2024年1月　帝国書院編集部

本書の使い方

本の構成

基礎 → 事例 → 対策

災害が起こるしくみを
わかりやすく解説しています。

どのような災害・被害が起こったのか、
具体的に紹介しています。

災害からの被害を防ぐにはどうすればよ
いか、解説しています。また、各地で行
われている実践例も紹介しています。

ページの構成

災害のようすを
表すわかりやす
い写真などを掲
載しています。

本文に関する
地図や図版を
多数掲載して
います。

災害を実際に
体験した方々
の話を「体験
者の声」とし
て紹介してい
ます。

本文で取り上げ
なかったトピック
をコラムとして
紹介しています。
ほかにも歴史や
教訓を紹介する
コラムを多数掲
載しています。

関連するページ
が書いてありま
す。あわせて読
んでみましょう。

その他

クローズアップ

災害を乗りこえてきた人々
の具体的な生活や活動を
紹介しています。

アクティビティ →

本巻で得た知識をもとに
して実際に災害が起こった
ことを想定し、自分ならそ
のときどのような行動をと
るか作業をしながら考える
ページです。

「クロスロード」に
挑戦！
災害時、判断が
分かれる場面で
自分ならどう行
動するのか考え
てみましょう。

もくじ

※各ページの「ここも見てみよう」の 用 は用語解説を参照。

『新・災害と防災』 ほかの巻のもくじ

火 山（1万年以内に噴火）　　地震の震源地
(1960〜2019年の間に発生した震源の
深さが100km未満でM5以上の地震)

〔USGS資料、ほか〕

①激しい雷雨をともなって噴火するエイヤフィヤトラヨークトル山
　（アイスランド 2010年）
②ヨーロッパ最大の活火山エトナ山（イタリア 2021年）
③1980年の噴火で山体が崩壊したセントヘレンズ山（アメリカ合衆国 2019年）
④激しい噴火をくり返すクラカタウ山（インドネシア 2007年）
⑤火山ガスを噴出する三宅島（東京都 2001年9月19日）
⑥噴煙が成層圏に達するほど大規模に噴火するカルブコ山（チリ 2015年）

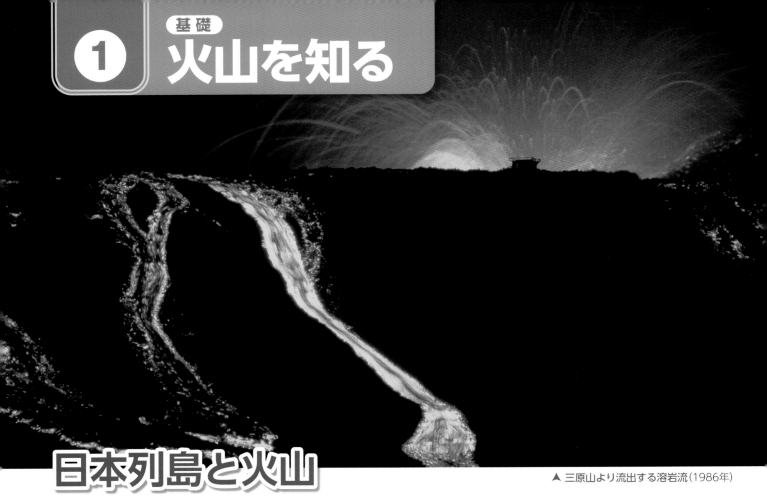

基礎 ① 火山を知る

日本列島と火山

▲ 三原山より流出する溶岩流(1986年)

活発な日本の火山

日本は世界有数の火山国であり、毎年国内のどこかの火山が噴火をしています。気象庁は、過去1万年以内に噴火した火山、または現在活発な噴気活動のある火山を「活火山」としています。2023年現在日本には活火山が111も確認されていて、そのうち気象庁が噴火警報を発表するようになった2007年以降、18もの火山が噴火しています。

噴火の様子は火山によって大きく異なります。桜島(鹿児島県)は、日本で最も活発な火山であり、年間1000回以上も噴火することもありました。空振を伴った爆発的な噴火をすることが特徴で、2km以上も大きな噴石を飛ばすことがあります。最近では2023年に硫黄島沖のマグマ水蒸気噴火により、新たに島が出現する様子が報道されました。また福徳岡ノ場(南硫黄島付近)は2021年8月13日に大規模な噴火を起こし、噴煙を1万6000m以上も吹き上げ、大量の軽石を放出しました。その軽石は沖縄などに流れ着き、漁船が出航できないなどの影響がありました。

2014年に噴火をした御嶽山(長野県・岐阜県)や2018年に噴火をした草津白根山の本白根山(群馬県)はいずれも火口の地下にある地下水が熱せられて勢いよくふき出す水蒸気噴火でした。御嶽山では登山客に多くの犠牲者を出し、草津白根山ではスキー場の来場客に犠牲が出ています。火山は、私たちにとって身近な存在であり、火山の災害を防ぐためにも火山を理解する必要があります。

火山によってつくられる大地

火山が噴火すると火口から溶岩が流出したり、火山灰や軽石が噴出し、火山の周辺に積もったりします。このような堆積物によって巨大な火山に成長し、ときには大規模に崩れることもあります。こうした火山活動が何万年という単位で何度もくり返されることによって、火山のまわりの地形が形づくられます。私たちの暮らす日本列島には火山によってはぐくまれた地形がたくさんあるのです。

火山はまれに巨大噴火を起こし、大量のマグマや噴出物を周囲にまき散らすことがあります。九州地方の阿蘇

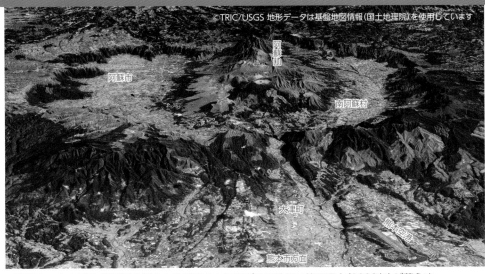

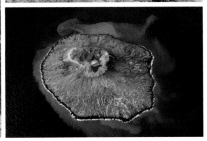

▲阿蘇山のカルデラ　世界最大級のカルデラの中に広がる平地には約5万人（2023年）が暮らす。

▲蔵王山の御釜（上）と西之島（下）

山では、過去4回にわたって非常に大規模な噴火が発生したことがわかっています。特に9万年前の噴火では、琵琶湖約22杯分のマグマが噴出し、九州の中北部を厚い火砕流の堆積物がおおいました。その一部は海を越えて山口県にまで達したほどです。

このような火山の巨大噴火によって形成される代表的な地形がカルデラです。巨大噴火によって地下から大量のマグマが噴出すると、地表が大きく陥没して、カルデラとよばれる地形ができあがります。九州地方の阿蘇、始良、関東地方の箱根などが代表例です。また、カルデラに水がたまり、湖となっている場所はカルデラ湖とよばれています。東北地方の十和田湖、北海道の洞爺湖などが有名です。火山からマグマなどが吹き出す部分である火口も中央がお椀のようにへこんでいるため、水がたまって湖となることがあります。このような湖を火口湖とよび、

日本では蔵王山の御釜（宮城県）や霧島山の大浪池（鹿児島県）などの例があります。このように火山によってつくられた地形は地球の力強いエネルギーを感じられる場所として観光地になっていることもあります。

また、火山は海底にもあり、海底火山が噴火すると、火山島が形成されます。伊豆諸島の伊豆大島、三宅島、八丈島なども、もともとは海底火山の噴火によってつくられた火山が成長したものです。例えば2013年には、小笠原諸島の西之島近海で海底噴火が発生しました。そのとき出現した小さな島は噴火活動を続け、西之島と接続し、一つの島になりました。その後、2年間の継続した噴火によって大量の溶岩が流出され、現在の西之島がつくられたのです。その面積は、1973年に新島として誕生した当時の50倍以上になりました（2022年12月現在）。このような西之島の姿は火山が地形をつくりだすことを実感させてくれます。

基礎

歴史を動かした二つの巨大噴火

1783（天明3）年、現在の長野県と群馬県にまたがる浅間山が大噴火し、大量の溶岩が流れ出した。噴火で発生した大規模な泥流で多くの人が亡くなり、農作物などにも被害が生じた。同じ頃、アイスランドのラキ山でも巨大噴火が起こり、大量の火山灰や火山ガスがふき出した。このラキ山の噴火によって北半球の平均気温が下がり、世界中で冷害が発生することとなった。浅間山とラキ山の噴火によって、日本では天明の大飢饉につながり、世界では小麦の不作などによりフランス革命の遠因になったといわれている。

▲浅間山の噴火「浅間山夜分大焼之図」（小諸市 美斉津洋夫蔵）

ここも見てみよう　火山・海底火山・火口・カルデラ・フランス革命➡ p.43－44 用、ラキ山➡ p.31、天明の大飢饉➡ p.31、44 用

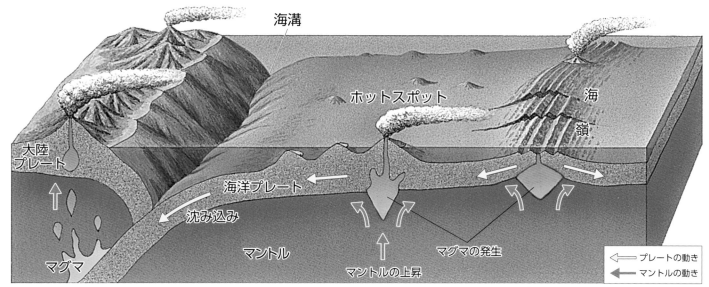

図中のラベル：
海溝
ホットスポット
海嶺
大陸プレート
海洋プレート
沈み込み
マグマ
マントル
マントルの上昇
マグマの発生

プレートの動き
マントルの動き

▲プレートの動きと火山ができるしくみ

プレート運動と火山

火山ができるところ

　地球上の多くの火山はどのようにつくられるのでしょうか。地球は、金属でできた中心の核、それを厚くおおう岩石の層であるマントル、さらにその表面をうすくおおう地殻でできています。マントルの最上部と地殻は十数枚のプレートとよばれる厚さ100kmほどの巨大な岩盤に分かれており、それぞれが新しく形成されたり地下へもぐりこんだりしながらゆっくりと動いています。火山は、地下で岩石がとけて液状となったマグマが、地表に吹き出すことによって形成されます。マグマはおもにこのプレート運動が影響して地下でつくられるのです。地球上のどこでも火山ができるわけではありません。火山はおもに海嶺、沈み込み帯、ホットスポットの3種類の場所にできます。

　まず、海嶺とは、プレートが左右に引っ張られることにより、地下からマントルが上昇して新しいプレートが生み出されている場所のことです。固体のマントルは上昇するにつれてとけ、液体のマグマになります。できたマグマは海嶺の割れ目に上昇し、一部は海底に流出します。海嶺では、くり返し地下からマグマが上昇します。海嶺は地球を取りまいており、大西洋中央海嶺、東太平洋海嶺、太平洋南極海嶺、インド洋中央海嶺などがありますが、ほとんどが海底にあるため私たちが見ることはありま

せん。

　次に、沈み込み帯でつくられる火山の場合です。プレートどうしがぶつかる場所では、片方のプレートがもう片方のプレートの下にもぐりこみます。この場所を沈み込み帯とよび、プレートがもぐりこむことによってできる溝を海溝といいます。海溝でプレートが沈み込むときに、マントル内に水がしぼり出されることによって、マントルがとけてマグマになると考えられています。プレートが約100kmの深さまで沈み込むとマグマができ、上昇したマグマが地表に活発な火山活動をもたらしています。プレートの沈み込みによる火山が多い場所は、太平洋を取りまく環太平洋造山帯であり、日本列島、フィリピン、インドネシアなどが含まれます。

　ホットスポットの火山は、プレート運動とは直接の関係はありません。深さ3000kmにあるマントルと地球の中心にある核との境界付近からマントルがわき上がり、マグマが形成される地点ができます。これをホットスポットといいます。このホットスポットでつくられたマグマは、プレートをつきぬけて地表に噴出し、火山をつくります。ホットスポット火山の典型的な例は、太平洋の中央にあるハワイ島です。ホットスポットでつくられた大量のマグマが何度も吹き出すことで溶岩が積み重なり、それがやがて海面に達して島ができました。

日本の火山の分布

これらの火山の3タイプのうち、日本列島の火山はプレートの沈み込み帯でつくられたものです。火山がプレートが沈み込む海溝と平行に並んでいるのはそのためです。日本列島の東側には太平洋プレートが沈み込む海溝がつらなっています。北から千島・カムチャツカ海溝、日本海溝、伊豆・小笠原海溝が並んでおり、北海道・東北・関東・伊豆・小笠原の火山はこれらの海溝と平行に位置していることがわかります。しかし火山は、海溝のそばではなく、海溝から100～200km程度離れた場所に分布しており、それよりも海溝側には火山はありません。これは、プレートがある程度の深さに沈み込まなければ、その上に火山ができないことを示しています。プレートの深さと火山の場所を比較すると、プレートが120kmほどもぐりこんだところに火山が分布していることがわかります。プレートが100km程度よりも深くまで沈み込むことで、マグマができるためです。このように、プレートの沈み込みによって火山ができる場所を連ねた線を、「火山フロント」とよんでいます。一般に、火山フロントに近い火山ほど噴火活動が活発です。

このことは、近畿から中国地方に火山が少ない原因を知る手がかりとなります。日本列島の南側からはフィリピン海プレートが沈み込んでいますが、中部から近畿・中国地方にかけては最大でも深さ70km程度までしかプレートが到達していません。これは、この付近のプレートの年

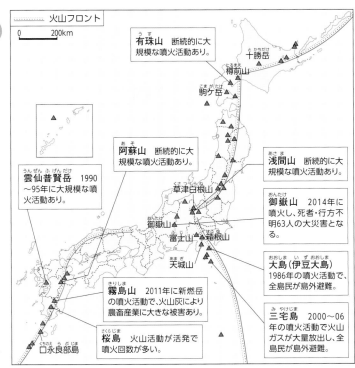

▲日本のおもな活火山の分布と火山フロント

火山フロント

0　200km

有珠山　断続的に大規模な噴火活動あり。

十勝岳

樽前山

駒ケ岳

阿蘇山　断続的に大規模な噴火活動あり。

浅間山　断続的に大規模な噴火活動あり。

雲仙普賢岳　1990～95年に大規模な噴火活動あり。

草津白根山

御嶽山　2014年に噴火し、死者・行方不明63人の大災害となる。

御嶽山

富士山　　箱根山

大島(伊豆大島)1986年の噴火活動で、全島民が島外避難。

天城山

霧島山　2011年に新燃岳の噴火活動で、火山灰により農畜産業に大きな被害あり。

三宅島　2000～06年の噴火活動で火山ガスが大量放出し、全島民が島外避難。

桜島　火山活動が活発で噴火回数が多い。

口永良部島

齢が若く、また比較的温度が高くて軽いため、深くまで沈み込めないからと考えられています。一方九州では、深さ200km近くまでプレートが沈み込んでいます。近畿・中国・四国には火山がほとんどないのに対し、九州南部では活発な火山があるのはこのためだと考えられています。

なお、別府から阿蘇・島原にかけての火山活動はプレートの沈み込みによるものではなく、九州が南北に分離する動きによってそのすきまにマグマが上昇してくることが火山活動の背景にあるとされています。

基礎

ハワイは日本に近づいている？

©TRIC/NASA/NOAA

太平洋を衛星画像でみると、ハワイ諸島から北西方向に島とサンゴ礁が一列に並んでいることがわかる。これはホットスポットの上にあった火山島がプレートの移動とともに年間8～9cmの速度で北西方向に進みながらホットスポットから離れたためである。500万年前は今のハワイ島の位置にカウアイ島が、2800万年前はミッドウェー島が今のハワイ島の位置にあった。今後、プレートがさらに移動すれば、ハワイと日本列島が今よりも近づくだろう。

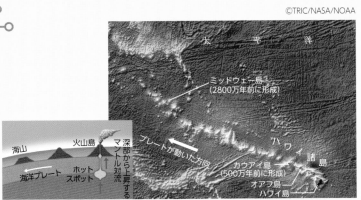

ミッドウェー島(2800万年前に形成)

プレートが動いた方向

カウアイ島(500万年前に形成)

オアフ島

ハワイ島

海山　火山島

海洋プレート　ホットスポット　深部から上昇するマントル対流

▲ホットスポットの上のハワイ島(左)とハワイ諸島周辺の衛星画像(右)

火山噴火のしくみ

▲マグマ水蒸気噴火を起こした口永良部島(鹿児島県 2015年)

火山噴火はどうして起きるのか

　前ページでみたように、地下深部ではマントルがとけ、液体のマグマとなります。このマグマによってさまざまな噴火が引き起こされます。

　まず、マグマと噴火のしくみについてみていきましょう。マントル内でできたマグマは、周囲の岩石よりも密度が小さく軽いため、上昇して地殻に入り込みます。マグマは地殻内でもさらに上昇し、周囲の岩石と同じ密度となる地下5～10kmの深さで上昇を停止し、たまり始めます。このマグマがたまる場所を「マグマだまり」といいます。地下深いところにあるマグマには水や二酸化炭素などの気体になる成分がとけています。しかし、マグマだまりの深さでは、二酸化炭素がマグマにとけきれず、気体の泡になります。そうするとマグマが軽くなって、マグマだまりから地表に向けてわき上がろうとします。こうして噴火が起きるのです。噴火はおもに「マグマ噴火」「マグマ水蒸気噴火(爆発)」「水蒸気噴火(爆発)」に分けられます。

　「マグマ噴火」とは、さきほど説明したように、マグマが上昇していく途中で気体の泡が大きくなり、爆発的に膨張して速度を速めながら地表に吹き出す噴火のことです。

　マグマ噴火には、大量に勢いよく火山灰を噴出する噴火や、爆発的にマグマを放出する噴火、噴水のように赤いマグマを吹き上げる噴火、ゆっくりと溶岩(地表に出たマグマのこと)を流出する噴火などさまざまなタイプがあります。また噴火は山頂の火口からだけでなく、マグマが岩盤を割りながら側方に移動し、山腹に新たな火口をつくって噴火することもあります。マグマ噴火をする代表的な火山の例がハワイ島のキラウエア山です。

　次に、マグマが地表に向けて上昇する途中で、地下水などに触れたり、浅い海底で噴火したりすると、マグマに触れた水や海水が急激に沸とうして爆発的な噴火をすることがあります。これを「マグマ水蒸気噴火(爆発)」とよんで

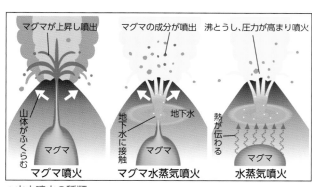

▲火山噴火の種類

いています。2015年に噴火した口永良部島(鹿児島県)はこのマグマ水蒸気噴火を起こし、2023年現在も火山活動が盛んです。また、マグマが上昇しなくても、マグマだまりの熱が浅い場所にある地下水を温め、沸とうした地下水が地表に吹き出

溶岩の性質	玄武岩質		流紋岩質
噴出時の温度	高い		低い
マグマの粘りけ	少ない		多い

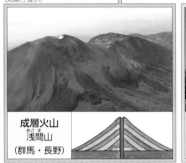
〈気象庁提供〉

楯状火山
キラウエア山
(ハワイ)
(ほかの例)マウナロア山(ハワイ)

成層火山
浅間山
(群馬・長野)
富士山(静岡・山梨)、御嶽山(長野・岐阜)、桜島(鹿児島)

溶岩ドーム(溶岩円頂丘)
昭和新山
(北海道)
樽前山(北海道)

▲火山の種類と成因

すことがあります。これが「水蒸気噴火」とよばれるもので、2014年に噴火した御嶽山(長野県・岐阜県)が例としてあげられます。マグマが火口近くまで上昇するマグマ噴火やマグマ水蒸気噴火に比べて前兆が少なく、事前の予測がより難しいという特徴があります。

マグマの粘りけと火山の形

これまでみた噴火のうち、マグマ噴火の様子はマグマの粘りけによって異なります。この粘りけはいくつかの要因によって決まります。特に、マグマに含まれる二酸化ケイ素という成分の量やマグマの温度が影響します。このケイ素が多ければ粘りけが多く、少なければさらさらとしたマグマになります。また、温度は低いほうが粘りけが多くなり、流れにくくなります。さらに、粘りけの少ないマグマの噴火はおだやかになるのに対し、粘りけの多いマグマの噴火は爆発的になります。こうしたマグマの粘りけによって、火山の形にも特徴が現れます。

粘りけの少ないマグマを噴出する代表的な火山はハワイ島のキラウエア山です。マグマがさらさらしているため、斜面に沿って静かに溶岩が流れ下り、「楯状火山」とよばれる、なだらかな地形の火山となります。一方、富士山や浅間山はキラウエア山に比べてマグマの粘りけがやや多いことや、山頂から吹き上げたマグマのしぶきが空中でかたまって火口周辺に堆積するため、円すい型の美しい地形となります。こうした形の火山は「成層火山」とよばれます。さらに、粘りけの多いマグマの場合、火口付近に固まりとなって盛り上がり、お椀をさかさにしたような地形になります。これは「溶岩ドーム」とよばれており、昭和新山(北

海道)、焼岳(長野県・岐阜県)、雲仙普賢岳(長崎県)などがあります。

粘りけの多いマグマ中に多くの気体がとけていると、上昇する途中で気泡がふくらんでマグマをばらばらにし、火口からガスとともに急激に噴出します。このような噴火では火口から噴煙の柱が空高く吹き上がり、1万m以上の上空で水平に広がって周囲に大量の火山灰を降らせます。火山灰を多く含む噴煙は斜面に沿って高速で流れ下ります。これは火砕流とよばれ、流路のすべての生物を焼きつくすほどの威力をもった危険な現象です。

近代日本を襲った最初の大災害 磐梯山の水蒸気噴火

1888年7月、福島県の磐梯山が噴火した。大きな爆発が20回ほど続いて発生した。このときに山体が崩壊し、大規模な岩屑なだれと横なぐりの爆風が起きた。5村11集落が埋没し、477人が犠牲となった。のちに大規模な水蒸気噴火と判明したが、当時は世界的にも火山学が確立しておらず、観測体制は存在しなかった。明治時代の日本が国家として自然災害対策に取り組む契機となった。

▲磐梯山噴火の図

ここも見てみよう　マグマ・地殻・火口・噴火➡ p.43－44 用、キラウエア山➡ p.30、御嶽山の噴火➡ p.8、20、
火山灰・火砕流・山体崩壊・岩屑なだれ➡ p.14－15

基礎

火山噴火によるさまざまな被害

火山灰・火山れき

火山噴火によって火口から吹き出す固形物で、直径が2mm以下のものを火山灰、2mm以上のものを火山れきとよぶ。液体のマグマが細かく砕けてかたまったものや、火口の周囲の細かい砂粒などを指す。火山灰は細かいため、風に乗って広い範囲に降り注ぎ、場合によっては数十kmから数百km以上離れた場所まで降ることがある。火山灰を吸い込むことによる健康被害のほか、農作物の被害、家屋の倒壊、交通障害、飛行機のエンジントラブルなどさまざまな影響を及ぼす。

▲阿蘇山のふもとの火山灰が積もった白菜(2016年)

噴石・火山れき
火口
火山ガス
溶岩流
火砕流
土石流

噴石

爆発的な噴火で、火山灰とともに放出される大きな岩のかたまりを噴石とよぶ。直径50cmを超えるような噴石は空気抵抗の影響を受けにくく風に流されないため、被害の範囲は火口周辺の2～4kmに限られるが、破壊力が大きいため、登山者が死傷したり、家屋が破壊されたりする。2014年の御嶽山の噴火では、火口周辺にいた多くの登山者が降ってきた噴石に当たり、犠牲となった。

▲噴石で被害を受けた山小屋
(御嶽山 2014年)

火山ガス

マグマにとけていた気体の成分が火山活動に伴って気体として放出されたものを火山ガスとよぶ。火山ガスのうち、有害なものとしては二酸化硫黄、硫化水素、二酸化炭素などがある。硫化水素はゆで卵のような臭いがするが、濃度が高くなると嗅覚がまひして臭いを感じなくなる性質があるため、火山のみならず温泉地においてしばしば硫化水素中毒による死亡事故が発生している。二酸化硫黄は心臓疾患をもつ人に重大な影響を与える。二酸化炭素には臭いがなく、地下水にとけにくいため、火口から離れた場所でも噴出している地点があり、注意が必要である。いずれのガスも空気より重いため、風の弱い日にはくぼ地に入らないように注意しなければならない。

多様な影響をもたらす火山噴火

火山と一口にいっても、噴火の様子は火山によって大きく異なります。溶岩を流す噴火をくり返す伊豆大島のような火山もあれば、爆発的な噴火をくり返して火山灰を降らせる桜島のような火山もあります。そのため、噴火によって引き起こされる現象やそれによる被害にもさまざ

まなものがあります。また、箱根山のように火口の近くにまで住居がある地域や、御嶽山のように住居が4km以上も離れている場所もあり、火山を取りまく私たちの暮らしも多様です。火山噴火による被害を減らすためには、それぞれの火山がどのような噴火をしやすいか、またそれが周辺にどのような被害を及ぼす可能性があるかを知り、適切な防災対策をする必要があります。

溶岩流

噴出したマグマが液体の状態で地表を流れ下る現象を溶岩流とよぶ。溶岩流の進む速度は人が歩く速度よりも遅いため、人的な被害を及ぼすことはまれである。しかし、流路にある建物は溶岩流によって燃えたり破壊されたりするうえ、溶岩におおわれるとごつごつした不毛の土地となるため、長期間耕作できなくなる。1983年の三宅島の噴火では、流出した溶岩によってふもとの集落が埋没した。

▲溶岩流が押し寄せる三宅島の阿古地区（1983年）

火山灰の降下

火砕流

火口から噴出した噴煙に大量の火山灰が含まれる場合、周囲の空気よりも密度が高くなるため、火山の斜面に沿って時速100㎞を超える速度で流れ下る。これを火砕流とよぶ。多くの火砕流は、マグマから噴出した火山ガスとマグマが粉砕されてできた火山灰が混じったものであるため、300〜500℃と高温になることが多く、流路にある植物や動物を焼きつくす破壊力の大きな現象である。1990年から始まった雲仙普賢岳の噴火では、山頂に現れた溶岩ドームが崩壊して火砕流を発生させ、40人以上の犠牲者を出した。

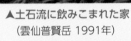

▲土石流に飲みこまれた家
（雲仙普賢岳 1991年）

土石流・泥流

噴火後に雨が降ると、火山灰や岩石と雨が混じり合って斜面を流れ下り、土石流や泥流になる。火山灰におおわれた場所では、水が地下にしみこみにくいため、降雨量が少なくても泥流が発生する。これら土石流や泥流は、高速で流れ下るため下流に大きな被害を発生させる。雲仙普賢岳の噴火では、斜面に大量の火山灰が積もり、土石流による被害も発生した。ひんぱんに噴火している桜島でも、雨が降るたびに土石流が発生する。これらの火山では、砂防工事によって土石流被害の防止が行われている。

山体崩壊・岩屑なだれ

火山活動によって生じた地形（火山体）は、溶岩や火山灰が積もってできた不安定なものであるため、強い地震などをきっかけに大規模に崩壊することがある。このような現象を、山体崩壊や岩屑なだれという。1984年に御嶽山のふもとで発生した長野県西部地震(M6.8)では、山の斜面が崩壊し、約3500万㎥の土砂が谷に沿って流下し、温泉旅館などがまきこまれ15人が犠牲となった。過去には、1792年に雲仙岳の眉山が大崩壊し、土砂が有明海に流れ込んで津波を発生させた。津波は対岸の熊本県（肥後）にまで押し寄せ、約1万5000人が犠牲となった。富士山でも約2900年前に、今の御殿場に岩屑なだれが流下した。

融雪型火山泥流の被害

積雪期の火山で噴火が起こると、高温の火山灰や火砕流によって一気に雪がとけ、泥流が発生することがある。このような泥流は融雪型火山泥流とよばれる。1926年、北海道十勝岳の噴火では融雪型火山泥流が発生し、25分ほどで約25㎞離れた上富良野町まで達した。泥流によって144人が犠牲となり、372棟の建物が崩壊した。このときの被害を風化させず後世に生かしていくため、十勝岳の地元自治体では1980年代から火山防災マップを作成するなど、積極的な取り組みを続けてきた。この大正泥流を題材にした小説『泥流地帯』(三浦綾子)もある。

ここも見てみよう　雲仙普賢岳の噴火➡ p.16−19、山体崩壊➡ p.7、13、17、砂防➡ p.18、火山ガス➡ p.7、43用、
火山防災マップ➡ p.43用

基礎

事例1 雲仙普賢岳
200年ぶりの噴火と被害

▲火砕流から舞い上がった噴煙が町を襲う(島原市 1991年)〈島原市提供〉

雲仙普賢岳の噴火と火砕流

雲仙普賢岳は長崎県島原半島の中北部における面積の4分の3を占める活火山で、50万年ほど前からたびたび噴火をくり返してきました。江戸時代にも2度の噴火を起こしたことが記録に残っています。

その後、長らく静かな状態でしたが、1989年末ごろから火山性の地震が多発し、翌年の11月には水蒸気噴火がみられるようになりました。当時は雲仙普賢岳が約200年ぶりに噴火した様子に、新しい観光地ができたと地元の人々は喜び、名物の噴火まんじゅうがつくられるほどでした。しかし1991年の5月、粘りけ の多い溶岩が火口からゆっくりと押し上げられ、山頂に溶岩ドームが出現します。そして溶岩ドームの先端が崩落し、火山灰や砕けた溶岩片、火山ガスなどが一体となって高速で斜面を流れ下る火砕流がひんぱんに発生するようになりました。島原市は一連の火山活動から、住民に避難勧告を出していました。しかし、火山周辺で取材を続けていた報道関係者など一部の人たちはそれに応じず、安全のため地元の消防団員や警察官たちが配備されました。

1991年6月3日、ついに比較的大きな火砕流が発生しました。火砕流は時速100kmを超えるスピードで周辺に残っていた人々を飲みこみ、41人が逃げる間もなく命を落としました。その後も火砕流はたびたび発生し、溶岩ドームから5km以上離れた畑や人家が広がる山ろくにまで達しました。9月には火砕流による熱風で、大野木場小学校が被害を受けています。火砕流はその後、1995年に噴火が停止するまで実に約9400回も発生したのです。また、噴火当初より堆積した火山灰などが雨で一気に崩れる土石流もくり返し発生しました。土石流は水無川に沿って流れ下り、最終

▲ 火 山
♨ おもな温泉
● 旧町名

吾妻岳　島原
(平成新山)　眉山
雲仙普賢岳▲▲　深江

島原半島

南島原

島
原
湾

0　　　10km

1990年代の噴火による
火砕流堆積物
土石流堆積物

▲島原半島の地図

的には島原湾にまで達しました。このため、鉄道や道路、多くの家屋が土石流に埋もれ、大きな被害を出しました。一度の土石流で住宅579戸が埋もれてしまうほどの大規模なものもありました。また、火砕流から舞い上がった火山灰は、島原市をはじめ遠く宮崎県にまで降りました。

▌長引く避難生活と災害からの復興

　日本ではこれまで、噴火の被害といえば溶岩や噴石、火山灰によるものがおもで、火砕流のおそろしさはあまり知られていませんでした。そのため、多くの人が避難勧告地域のなかに立ち入り、火砕流にまきこまれることになりました。6月3日の災害から警戒区域は拡大され、最大時の9月には避難対象者が約1万1000人となりました。この間、住民は体育館や公民館に避難したり個人でアパートを借りたり、また、親類宅などに避難したりしました。ほとんどの避難所ではクーラーなどの空調設備がなく、暑い時期も火山灰のため窓を開けられないなど、お年寄りや幼い子どもたちにとっては特に厳しい環境でした。そして火山噴火の終息がまったく予想できないなか、いつ起きるかわからない火砕流や土石流におびえて生活を送りました。この噴火による避難生活は、長い人で5年以上に及びました。島原半島では野菜や葉たばこの栽培が盛んでしたが、火山灰の影響に加え、広い範囲が立ち入り禁止となったため農作業ができず、経営できなくなった農家もたくさんありました。また、周辺の温泉地は、観光客の減少に悩まされました。

　未曾有の大災害を経験した島原の人々は、つらい記憶

▲押し寄せる火砕流（長崎県 深江町 大野木場 1991年6月3日）

と向き合いながら復興と防災に取り組み続けてきました。大きな被害を受けた島原市では、土砂をためるための砂防えん堤や、土砂の流れる方向を制御する導流堤を設け、火砕流や土石流の被害が市街地に及ばないよう、整備を進めました。土石流の被害を受けて破壊されてしまった地区では、新たに盛り土をしてまちづくりがなされてきました。

　現在、被災した大野木場小学校の校舎は、災害の歴史を語りついでいこうと、資料として保存されています。災害記念館も整備されたほか、2009年には日本最初のジオパークとして認定され、災害経験を生かした新たな観光地化が図られています。

体験者の声 まさかこんな大きな被害が…

　私たちは、このような大土石流がいつかは来るだろうと思って覚悟はしていました。しかし、まさかたった一度の土石流でこれほどまでに大きな被害になるとは思ってもいませんでした。もはや自然の猛威には逆らえず、どうしようもありませんでした。埋もれてしまった自宅の上に立ち、昼間はみんな笑顔で話をしていましたが、夜、布団の中で枕を濡らしてしまいました。
（長崎県島原市　男性）

津波を引き起こした雲仙普賢岳の噴火

　江戸時代に発生した雲仙普賢岳の噴火は、国内に記録が残るなかで最も多くの犠牲者を出した火山災害として知られている。江戸時代後期の1792年に始まった噴火では、数か月にわたって山頂から溶岩が流れ、噴火に伴って発生した大きな地震によって島原の背後にある眉山が崩壊した。その大量の岩と土砂が一気に島原湾に流れこんで津波が発生したのである。津波は島原や対岸の熊本県（肥後）側に到達し、死者約1万5000人という甚大な被害となった。島原の大災害が肥後にまで及んだこの災害は「島原大変肥後迷惑」とよばれている。地震だけでなく噴火と山体崩壊によっても津波が引き起こされた大災害として記録に残っている。島原湾に浮かぶ九十九島は、このときくずれた眉山の土砂が海に流れこんで誕生した。

ここも見てみよう　水蒸気噴火➡p.12、溶岩ドーム➡p.13、火砕流・山体崩壊➡p.15、大野木場小学校➡p.18、ジオパーク➡p.44用、雲仙普賢岳の噴火被害➡p.18−19

事例

雲仙普賢岳の噴火

（1990 〜 95年）

雲仙普賢岳の噴火によって発生した火山灰と火砕流は、島原の市街地を灰色に一変させた。噴火は 1990 年から4年3か月にわたって続き、7回の大火砕流と 38 回の土石流をもたらした。死者 41 人、行方不明者3人、負傷者 12 人、建物の被害 2511 件、被害額は約 2300 億円にものぼる（平成8年3月31日時点）。

火口

雲仙普賢岳

火砕流

計約 9400 回発生。1991 年6月3日に発生した大火砕流は、時速 100㎞以上で火口から約 4.3㎞のところまで流れ出し、犠牲者を出した。

南島原市

1991年9月15日の火砕流とともに生じた数百℃の熱風（火砕サージ）によって、大野木場小学校が被害にあった。

熱風

旧大野木場小学校
（大野木場砂防みらい館）

土石流や火砕流から町を守る　火山砂防対策―島原市の取り組み

　雲仙普賢岳の大噴火のつめあとは今も島原に残る。1991年から発生した火砕流による土砂は現在も 1 億7000万㎥（福岡ドーム約100杯分）もあり、大雨が降るたびに土石流が起きる。島原市ではこうした被害を防ごうとさまざまな砂防対策が行われてきた。例えば、土石流をくい止めたり、一度に大量の土砂が下流に流れ出たりすることを防ぐ砂防えん堤が水無川や中尾川につくられた。また、雲仙普賢岳から海岸にかけて、泥流などを安全に流下させる導流堤なども整備されている。また、噴火の影響で立ち入りができない場所において、遠くから操作して無人で運転できる重機（ブルドーザー）が開発・実用化された。

▲水無川の砂防施設（島原市）

▲床が焼け、基礎部分がむき出しになった教室（南島原市（旧深江町）1991年）現在は砂防みらい館とよばれ、砂防学習の拠点として保存されている。

有　明　海

火山灰
約7.5km先の島原城も
火山灰に包み込まれた。

▲水無川で発生した土石流
（島原市 安徳地区 1991年）

眉山

島

原

市

・島原城

土石流
噴火後に降った雨で土石流が発生
し、家屋や田畑は泥と石で埋まった。
たび重なる土石流は海岸まで達し、
幹線道路や鉄道も寸断された。総流
出土砂量は約760万㎥。

水無川

九十九島

安徳地区

島　原　湾

雲仙岳災害記念館

御嶽山

事例2

登山者を巻き込んだ噴火による災害

▲噴煙を上げる御嶽山の火口（2014年）（上）、御嶽山火山ハザードマップ（下）

凡例：
- 想定火口領域
- 水蒸気噴火時の大きな噴石の到達想定範囲
- マグマ噴火時の大きな噴石の到達想定範囲
- 火砕流の到達想定範囲
- 火砕サージの到達想定範囲
- 融雪型火山泥流の到達想定範囲

【御嶽山火山ハザードマップより作成】

突然の噴火

2014年9月27日11時52分、御嶽山は突然噴火を開始しました。久しぶりの好天に恵まれた土曜日のお昼時、また紅葉真っ盛りの季節、御嶽山頂は多くの登山者で賑わっていました。火山噴火としては規模の小さい水蒸気噴火でしたが、勢いよくふき出した水蒸気が火山灰や噴石を吹き上げ、濃い火山灰が火砕流となって山頂付近にいた登山者の視界を奪い、そこに噴石が降り注いで、死者・行方不明者63人となる大災害になりました。

この噴火の前兆現象は、噴火を1か月さかのぼる8月下旬から始まりました。山頂直下で人体に感じない小さな地震が発生し始め、9月10日と11日にはその回数が50回を超えたことから気象庁は「火山の状況に関する解説情報」を発表して注意を呼びかけました。しかし、その後は地震回数も減少してきたことから、気象庁が噴火警戒レベルを引き上げることなく、噴火の当日を迎えました。

噴火に先立つ10分前、御嶽山の山腹に設置した地震計に連続する震動（火山性微動）が観測され始め、同時に傾斜計が山頂方向の隆起を示す変化を記録し始めました。気象庁職員は直ちに情報を出す準備を始めましたが、噴火には間に合わず、山頂付近にいた多くの登山者は無防備のまま噴火に遭遇しました。噴火は地獄谷とよばれる山頂南西側の山腹で突然始まりました。ムクムクと吹き上がる噴煙を見て、登山者のなかには写真を構える人たちもいましたが、すぐにそれどころではないことがわかり、避難を始めました。山小屋に逃げ込んだり、建物のかげに隠れたりした人たちは生き延びましたが、その余裕もなく噴石に当たってけがをしたり命を落としたりした人たちが多くいました。多量の火山灰や噴石の放出は25分ほど続きました。その後吹き上がった火山灰が風に乗って東側に流され、上空で水蒸気が水となり、灰混じりの雨となって降りました。山頂の東側の登山道にいた人たちは、

この灰混じりの雨で泥だらけになってしまいました。

山小屋に避難したりして事なきを得た登山者の大半は、当日中に下山しました。翌日の28日から、警察・消防・自衛隊による本格的な救助が始まりました。自力で下山できない登山者の救助や、不幸にして心肺停止となっていた登山者の収容などが行われました。連日700人から1200人の体制で行われた救助や行方不明者の捜索は、厚く積もった火山灰のなかでの困難な作業でした。冬の到来が近づくなか、最後の捜索は2000人近い人員で行われ、10月16日をもって打ち切られました。

噴火後、このことを教訓にいろいろな対策がとられました。山頂付近や山頂に近い登山道には、噴石を避けるためにコンクリートや鉄でできたシェルターが設置されました。また登山口やふもとには、火山防災情報や御嶽山の火山活動の状況などを知るためのビジターセンターが設けられました。ビジターセンターには名古屋大学の御嶽山火山研究施設が設置され専門家が常駐しています。さらに御嶽山火山マイスターが認定され、火山の安全と知識の普及のための活動をしています。

御嶽山の噴火の特徴と成り立ち

1979年から御嶽山は、水蒸気噴火をたびたび起こしています。水蒸気噴火とは、火山の地下にある水がマグマの熱によって熱せられて高温となり、地表に勢いよく吹き出すときに火山灰や噴石を吹き上げる現象です。御嶽山では、1979年に2014年の噴火とほぼ同じ規模の噴火を起こしました。これが歴史記録上では初めての噴火でした。この噴火では山頂南西側の山腹に新しい噴火口がいくつもでき、水蒸気や火山灰を噴出しました。その後、1991年と2007年には、ごく小規模の噴火が発生し、1979年にできた噴火口の一つから火山灰を吹き上げました。2014年の噴火では、1979年の噴火口よりも斜面の少し下に新しい噴火口の列をつくりました。

御嶽山は長野県と岐阜県にまたがり、標高3067mで火山としては富士山に次ぐ標高の山です。これだけの山ですから、もちろん水蒸気噴火だけで形成されるはずはなく、マグマの噴火をくり返して今の姿が形成されました。御嶽山の活動は、大きく2期に分けられます。古い時期の

▲新たに設置された鋼鉄製シェルター(2022年)〈長野県木曽町提供〉

活動は78万年前から40万年前でした。その活動期の初期にあたる77万年前の噴火で噴出した火山灰は房総半島にまで達し、白尾火山灰と名づけられています。この火山灰層は、チバニアンで有名な千葉県市原市の地層にもみられ、時代区分を特徴づける目印になっています。御嶽山の現在につながる火山活動は12万年前に始まりました。約10万年前の大規模な噴火のときに噴出した軽石が関東から東北地方に分布し、地層の時代を調べるときの目印になっています。最も新しい溶岩の噴出は8700年前で、現在三ノ池となっている火口から噴出した溶岩は東側斜面を流れ下りました。その溶岩が形づくった地形は今でもはっきりとみることができます。

事例

噴火警戒レベル

噴火警戒レベルとは、火山活動の変化に応じて、警戒が必要な範囲ととるべき行動について、5段階のレベルを用いてわかりやすく区分した情報である。噴火警戒レベル5(避難)と4(高齢者等避難)は、人が住んでいる地域に大きな影響を与える可能性のある噴火が発生した場合に発表される。一方、人が住んでいる地域には影響がなくても、火山に近づかないようによびかける場合には、レベル3(入山規制)またはレベル2(火口周辺規制)が発表される。火山活動がおだやかな場合には噴火警戒レベル1となっているが、2014年の御嶽山のように突然噴火する可能性もあるため、「活火山であることに留意」とされている。噴火警戒レベルだけに頼らず、「火山の状況に関する解説情報」などの気象庁の発表する情報も参考にしてみよう。

ここも見てみよう　火口・火山活動・火山ハザードマップ・チバニアン・マグマ➡ p.43－44 用、水蒸気噴火(爆発)➡ p.12、噴火警戒レベル➡ p.34－35

事例3 桜島
噴煙を上げ続ける火山

▲桜島と鹿児島市街地(2015年)

大都市にある火山 桜島

　桜島は九州南部の鹿児島県に位置する成層火山で、日本で最も活発な火山の一つとして知られています。大隅半島と薩摩半島に囲まれた鹿児島湾の奥にあり、その名のとおり、かつては海に隔てられた直径約10kmの島でした。しかし1914年、大正大噴火で流出した溶岩によって、大隅半島との間の海峡が埋め立てられ、現在のような陸続きの地形になったのです。上空からみると、島の中央に北岳・中岳・南岳と、南北に三つの峰が並んでいるのがわかります。標高の最高地点は北岳の1117mです。

　桜島は、24時間運行されているフェリーに乗れば鹿児島市の市街地から約15分で渡ることができ、市内の人々にとって非常に身近な存在です。これほど大都市の市街地に近い火山は世界でもあまり多くはありません。ひとたび、桜島が噴火すると、桜島島内に住んでいる3300人余りの人々とともに、鹿児島市内の約60万の人々にも大きな影響を与えるおそれがあります(人口は2023年)。それは、噴火のたびに、噴出した火山灰が周囲に降り注ぐか

らです。特に夏場は、鹿児島市街地側が風下になることが多いため、市民の生活や交通に大きな影響を与えています。

桜島の成り立ちと噴火活動

　桜島は爆発的な噴火をする性質があります。歴史に残っている噴火としては、1471～76年の文明大噴火、1779～92年の安永大噴火、そして1914年の大正大噴火があります。文明大噴火では、島の北東側と南西側の山腹から噴火を起こし、大量の溶岩を流出させました。安永大噴火では、南側と北東側の山腹から噴火を起こしました。この噴火の死者は150人あまりとされています。文明大噴火でも多数の死者が出たとされていますが、正確な記録は残っていません。

　現在の桜島に最も大きな影響を与えたのは

▲桜島周辺図

▲大正大噴火の際に桜島から舟で脱出する人々（1914年）

▲大正大噴火で約２ｍも埋没した黒神神社の鳥居（鹿児島県 黒神町）

大正大噴火でした。20世紀最大の噴火といわれるこの大正大噴火は、どのような噴火だったのでしょうか。

　噴火の２日前となる1914年１月10日、桜島島内では地震がくり返し起こり始めました。これは桜島の地下にあるマグマが上昇し始めたためです。１月12日の噴火当日の朝、島の南海岸から熱湯が噴出しました。マグマが地下の浅い場所にまで達し、地下水を急激に熱したのです。午前10時頃、ついに島の西側の山腹から噴火が始まりました。そしてすぐに南東側の山腹からも噴火し始めました。西側の火口から流出した溶岩は海に達し、沖にあった小島（烏島）をおおうほどでした。大量の溶岩の流出はその後２週間続き、南東側の火口から流出した溶岩によってふもとの集落は埋没してしまいました。そして、１月29日には大隅半島との間の海峡を埋めつくし、ついに桜島が九州と陸続きになりました。また、12日の夕方、噴火によって引き起こされたと考えられるマグニチュード7.1

の地震が発生しました。鹿児島市を中心に大きな被害をもたらし、死者は29人とされています。

　この記録的な噴火後も、桜島は活発な噴火活動を続けています。1946年１月には、山頂の東側の標高約800ｍにある火口（昭和火口）から噴火が始まり、流出した溶岩が北東側と南側の海岸に達しました。これが昭和噴火です。また、桜島の南岳火口は1955年10月の爆発以来、長期にわたって爆発的噴火をくり返しています。爆発回数は、多い年では年間1000回近く記録する年もありました。2022年７月には大きな噴石が火口から2.5㎞離れた場所にまで飛び、一時、噴火警戒レベルが5に引き上げられました。

　さて、大正大噴火では、噴火前の激しい地震活動や安永大噴火の言い伝えから危険を察知した住民たちが自主的に漁船で島外に避難したため、島民約２万1000人のうち、犠牲者は25人にとどまりました。しかし、鹿児島測候所（現在の気象台）は最後まで桜島は噴火しないという見解を出していたため、この見解を信じた人々が逃げ遅れ、犠牲となりました。このことから、「理論を信頼しすぎず、異変を感じたらすぐに避難すること」が教訓として今に伝えられています。現在、桜島の地下には大量のマグマがたまっていると推測されており、近い将来、ふたたび大正大噴火と同規模の噴火が起きると考えられています。当時より観測技術は格段に進歩していますが、住民たちの自主的な防災意識が何よりも大切だと気づかされます。

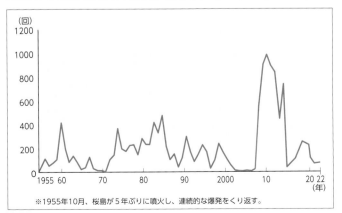

（回）
1200
1000
800
600
400
200

1955 60　　70　　80　　90　　2000　　10　　20 22
（年）

※1955年10月、桜島が５年ぶりに噴火し、連続的な爆発をくり返す。

▲桜島の爆発回数の推移〈鹿児島地方気象台HP資料から作成〉

ここも見てみよう　成層火山➡ p.13、火山灰➡ p.14−15

噴火は日常－桜島とともに暮らす風向きに応じた生活

▲ドカ灰が降る街の様子（鹿児島市 2013年）
▶鹿児島県の天気予報の画面（2023年10月16日）

桜島上空の風

予想　午後9時
北西の風
9m
〈鹿児島読売テレビ〉

火山灰と人々の生活

鹿児島の方言では、ハエやオナラのことを「へ」といいます。そしてもう一つ、「へ」とよぶものがあります。それは、火山灰です。「へが降っちょっど！」は、鹿児島の方言で「（桜島が噴火して）火山灰が降っているよ」という意味になります。

鹿児島市では、桜島が噴火した際に、風向きが桜島か

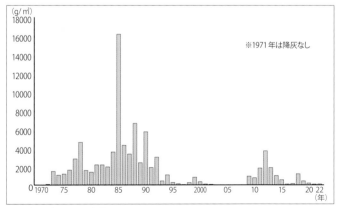

（g/㎡）

※1971年は降灰なし

▲桜島の降灰量の変化〈鹿児島地方気象台HP資料から作成〉

ら鹿児島市に向かう「東」であれば、風速にもよりますが、10分から数十分で「へ」が降ります。鹿児島も含めて日本では北西の風が吹くことが多く、夏の時期を中心に東風がときどき吹き、桜島が噴煙を上げたときには鹿児島市街地にも火山灰が降り注ぎます。そのため、鹿児島地方気象台のホームページやテレビ局各社の画面の端には桜島からの風向を示す矢印が日常的に表示されています。

鹿児島市内を歩けばどこからでも桜島が見えるので、噴煙が上がって火山灰がこちらに向かっていることを確認してからでも、建物のなかに入って「灰まみれ」になることを避けることができます。しかし、洗濯物を外に干す場合などは、「風向を示す矢印」は大変役に立ちます。桜島の噴火が続き、風向きが東向きのときには、洗濯を翌日に遅らせたり、家のなかに洗濯物を干したりして、「せんたっもんにへがひっちた（洗濯物に火山灰がくっついた）」状態になることを避けます。

▲火山灰を清掃するロードスイーパー(左)と指定の火山灰捨て場(右)

▲桜島だいこんの収穫〈JA鹿児島みらい〉

1970 〜 1980年代には鹿児島市街地では「ドカ灰」が何度も降り、降灰量も急激に増加しました。火山灰は、紙を燃やしたときにできるようなやわらかな灰ではなく、粉砕されたマグマなどからなる細かい角張った砂の粒です。そのため、降り積もった火山灰を除去するには、かき集めて運び出す以外に方法はありません。このような火山灰が数mm以上積もると、スピードを出した車がスリップして事故の原因となることから専用の路面清掃車(ロードスイーパー)や散水車が出動して道路の火山灰を取り除いたり、舞い上がりを防いだりします。また、市民には「克灰袋」が配られて自宅敷地の掃除に活用され、専用の「火山灰捨て場」に火山灰を捨てます。「克灰袋」は、「火山灰を克服する」

▲プールクリーナー プールの底にたまった火山灰を掃除する。

という強い意志が込められたもので、1991年に「降灰袋」から改名されたのです。

「桜島」は鹿児島のシンボル

薩摩半島や大隅半島からながめると、錦江(鹿児島)湾に浮かぶ雄大な桜島火山は、人々に崇拝の念を抱かせるほどの美しい景観をもち、世界に誇れる観光地として高く評価されています。そもそもこの景観は、活発な火山活動によってつくられたものです。噴火で流出した溶岩

や積もった火山灰によってできた なだらかな 土地では農業が盛んに行われており、日本で最も小さいという桜島小みかんや、世界一大きい だいこん として知られる桜島だいこんなどが栽培されています。水はけのよい土地や温暖な気候といった桜島の自然の特徴を有効に活用しようとした先人たちの努力の賜物といえるでしょう。また、桜島周辺の錦江湾では波が静かな環境を生かした ぶり の養殖や まだい の一本釣りなどの漁業が行われています。そして、これらの景観や食べ物、温泉などは貴重な観光資源となっており、県内外の多くの観光客に人気の場所として親しまれています。

桜島は火山灰をまき散らし、ときには災害をもたらしますが、悪いことばかりでなく、このように多くの恵みをもたらしてくれています。桜島の変化に応じてしなやかに生きてきた先人の知恵を継承するために、鹿児島市ではさまざまな取り組みが行われています。その一つが「桜島・錦江湾ジオパーク」です。ジオパークとは、ジオ(地球)の活動によってつくられたさまざまな自然、例えば、地層、岩石、地形、火山、断層などを見ることができる自然豊かな公園のことです。「桜島・錦江湾ジオパーク」は、今も噴火活動を続ける桜島と約60万人(2023年)もが住む都市が共存している世界的にも貴重な場所として、2013年に日本ジオパークに認定されました。人々が桜島から受けたさまざまな恵み―農業、漁業、産業、また、桜島とともにはぐくんできた歴史や文化を味わうためのツアーやイベントが開催されています。

ここも見てみよう　火山灰➡ p.14−15、ジオパーク➡ p.44 用、火山の恵み➡ p.38−39

事例4 有珠山
噴火をくり返す火山

▲有珠山(手前)と洞爺湖
〈洞爺湖有珠山ジオパーク推進協議会提供〉

溶岩ドームの火山

　北海道の南西部に位置する有珠山。ロープウェイで山頂駅に向かえば、目の前に広がるおだやかで美しい洞爺湖と右手にそびえる昭和新山の雄大な景色に心を奪われます。洞爺湖は、直径約10kmの湖です。この湖は、約11万年前の巨大噴火によってできたくぼ地(カルデラ)に、水がたまってできたカルデラ湖です。今から約5万年前には、湖のほぼ中央で噴火がくり返し起こり、いくつもの溶岩ドームを形成しました。さらに約2万〜1万5000年前になると、洞爺湖の南岸で噴火がくり返され、有珠山が誕生しました。有珠山は当初、富士山のような円すい型の山だったと考えられていますが、8000〜7000年前に山頂部が崩れ、大量の岩石が太平洋に流れ込む山体崩壊が起きました。有珠山はこの後数千年の間噴火を休止しますが、江戸時代の1663年に再び噴火を始めました。以来、数十年おきに火山活動を活発化させ、20世紀には4回の噴火を起こしています。

　有珠山のようにマグマが岩盤を割って上昇する際には活発な地震活動や地殻変動を起こします。過去の噴火で、噴火前に地震を起こしてきたのはこのためです。また有珠山のマグマは粘りけが多いため地表に流れ出ても広がりにくく、ドーム状に盛り上がり、溶岩ドームをつくります。有珠山の周辺にはこのようにしてできた山が多くみられ、1910年の火山活動では有珠山のふもとに四十三山(明治新山)が、1943〜45年には昭和新山が誕生しました。また、1977〜82年の火山活動では、山頂から高さ1万2000mまで噴煙を吹き上げました。また山頂部分が隆起して山の形が変わりました。さらに、上昇したマグマに押されて地盤が押し出され、ふもとでは地盤がずれ動いて壊れる建物もありました。温泉などの火山の恵みを得ながら、どのように噴火災害を最小限におさえるかが地域の課題となっています。

2000年の噴火と人的被害ゼロの避難

　2000年3月31日、有珠山の西側にある西山の山ろくで噴火が始まり、その翌日には洞爺湖温泉に近い金比羅山のふもとでも噴火が始まりました。西山山ろくには、洞爺湖畔の温泉街と海側の市街地をつなぐ幹線道路がありましたが、この一帯に複数の火口ができ、周辺の工場やアパー

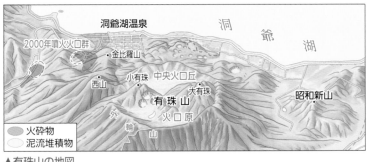

▲有珠山の地図

凡例:
火砕物
泥流堆積物

地図ラベル: 洞爺湖温泉、2000年噴火火口群、金比羅山、洞爺湖、西山、小有珠、中央火口丘、大有珠、昭和新山、有珠山、火口原、外輪山

トが破壊されました。金比羅山の山ろくの火口からは、熱水と火山灰や土砂が混じった熱泥流が発生し、防災用の人工水路に流入して洞爺湖に流れこみました。しかし熱泥流の一部は水路からあふれ、水路にかかっていた橋を押し流し、住宅や学校に押し寄せました。

▲噴火する有珠山
（北海道 洞爺湖町（旧虻田町） 2000年）

一方で、有珠山周辺の避難指示区域の住民約1万6000人と温泉街の宿泊客は、噴火が始まる前に避難を完了し、1人の犠牲者も出ませんでした。なぜ、噴火の前に避難することができたのでしょうか。

一つの理由としては、数十年おきに噴火をくり返してきた有珠山では、噴火の前には地震が起こると、過去の記録や教訓から知られていたことです。1944〜45年の噴火では半年間も地震が続いた後に噴火が始まり、1977〜78年の噴火では地震発生後わずか32時間で噴火が始まりました。これらの体験が世代間で受け継がれ、住民の迅速な避難につながりました。

二つ目の理由は、火山観測に携わる火山学者の存在です。有珠山では明治時代から、科学的な火山の研究が進められてきました。有珠山の山ろくには北海道大学の観測所があり、継続した観測が続けられていました。観測データと過去の噴火の記録が、噴火予知に結びついたのです。噴火災害の種類と範囲を想定したハザードマップが1995年に作成され、周辺住民に配布されていました。また、火山学者と住民、自治体が日頃から信頼できる関係を築いていたことで、自治体は火山学者の助言に基づいた避難指示の発令など、すばやい対応をとることができたのです。

噴火そのものによる人的被害はなかったものの、噴石や降灰、泥流、地面の隆起による住宅や道路の寸断により、住民は最長5か月にわたる避難生活を余儀なくされました。また温泉を軸とした観光産業も大きな被害を受けました。国、自治体、住民の間では生活の立て直しや、こ

▲火口を見学する有珠山学習会（洞爺湖有珠山ジオパーク推進協議会提供）

れからのまちづくりについて議論を重ね、砂防施設や道路の再構築に意見が反映されました。

現在も、有珠山周辺では北海道大学や気象庁など、複数の機関が観測を続けています。安全が確保された山ろくの火口群や、被災した建物、道路などは噴火災害遺構として保存され、火山活動によって起こる現象と減災の知恵を学ぶ場所として活用されています。また、2000年の有珠山噴火の終息後、みずからの体験を多くの人に伝え、防災・減災に役立てようと、住民が中心となって多くのガイド団体が活動を開始しました。

洞爺湖有珠山地域は、火山活動による大地の成り立ちと、活火山との共生を目指す住民・自治体の取り組みが評価され、ユネスコ世界ジオパークに認定されています。減災教育を通じて火山がもたらす災害を最小限におさえると同時に、火山の噴火がもたらした大地で育つ果樹や野菜、わき出す温泉などの「火山の恵み」を最大限に生かそうと、前向きな取り組みが続けられています。

火山との共生に人生をささげる

1944年6月、有珠山の東山ろくの農地で水蒸気噴火が始まり、火山灰、噴石、火砕サージ（熱風）によって、山ろくの集落は大きな被害を受けた。11月中旬から溶岩ドームが成長を始め、その様子を、当時、地元の郵便局長だった三松正夫は、科学者らと連絡をとりつつ、同一地点からのスケッチをくり返し、噴火の推移を記録し続けた。この火山誕生の記録は「ミマツダイヤグラム」として高く評価された。溶岩ドームは昭和新山と名づけられた。三松は噴火後、私財を投じて昭和新山を買い取り、農地を失った住民の救済を図る一方、溶岩ドームの持ち主として長くその保全に努めた。1957年、昭和新山は特別天然記念物に指定された。

事例

ここも見てみよう　カルデラ湖➡ p. 9、溶岩ドーム➡ p.13、水蒸気噴火➡ p.12、山体崩壊➡ p.15、ジオパーク➡ p.44 用

▲富士山

事例5 富士山
日本の象徴としてそびえる活火山

富士山の噴火の歴史

　葛飾北斎の富嶽三十六景は、日本各地からみえる富士山の風景をさまざまに描いた浮世絵の名作です。日本最高峰である富士山は日本のシンボルであり、その美しい姿から、古くから信仰や芸術作品の対象とされてきました。2013年には世界文化遺産に登録され、国内だけでなく、世界中の人々から親しまれています。しかし、富士山はおだやかで美しいだけではなく、激しい噴火をくり返し、人々に自然のおそろしさを見せつける火山でもあるのです。

　ここ300年ほどおだやかですが、詳しい調査により過去10万年にわたって火山活動をくり返してきたことがわかっています。この間の数えきれない噴火によって日本最大の火山に成長したのです。また、爆発的な噴火によって遠く関東地方にまで火山灰を降らせ、赤土の関東ロームを発達させるなど、さまざまな面で私たちの生活に大きな影響を与えてきました。

　平安時代に起きた貞観噴火は、864年から866年までの約2年間にわたり、北西山ろくに現れた総延長6kmに及ぶ火口列から大量の溶岩が流出しました。溶岩は当時北西山ろくにあった「せの海」とよばれる湖に流入し、現在の精進湖と西湖に二分しました。また、流れ出した溶岩の大地は現在樹木におおわれ、青木ヶ原樹海として広がっています。

　江戸時代に発生した1707年の宝永噴火では、宝永火口とよばれる南東側山腹で爆発的な噴火が起きました。噴火の最盛期には10kmをはるかに超える噴煙が上がり、約100km離れた江戸の町でも火山灰が数cmほど積もりました。富士山により近い神奈川県西部では30cm以上、静岡県御殿場付近では1m以上噴出物が降り積もったといわれています。このためこれらの地域では農業が成り立たなくなったほか、酒匂川などの流域ではたびたび土石流が発生し、人々の生活に大きな影響を与えました。当時の江戸幕府は被災した村を救済するため、各藩に被害状況を報告させたり全国から救済金として約49万両（約290億円）を徴収したりした記録が残っています。

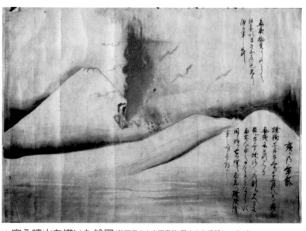

▲宝永噴火を描いた絵図〈静岡県立中央図書館 歴史文化情報センター〉

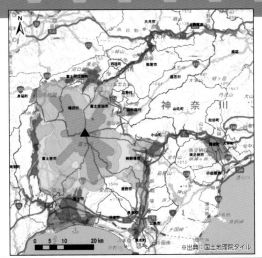

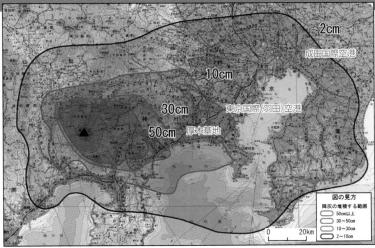

避難対象エリア	影響想定範囲（可能性のある範囲）
第1次避難対象エリア	想定火口範囲
第2次避難対象エリア	火砕流・火砕サージ、大きな噴石が到達
第3次避難対象エリア	溶岩流が3時間以内に到達
第4次避難対象エリア	溶岩流が24時間以内に到達
第5次避難対象エリア	溶岩流が7日間以内に到達
第6次避難対象エリア	溶岩流が最終的（最大で57日間）に到達

▲溶岩流等の影響想定範囲（上）と避難対象エリア（下）
《『富士山火山避難基本計画（令和5年3月）』より作成、提供：富士山火山防災対策協議会》

降灰	発生するおそれのある現象
10cm以上	四輪駆動車の通行不能、土石流被害大。
2～10cm	二輪駆動車の通行不能（3cm）。
0.3～2cm	のど、鼻、目の異常訴え、一部の農作物が壊滅的被害（1cm）。
0.05～0.3cm	道路：速度低下、渋滞発生、交通事故増加。
0.05cm以下	喘息患者症状悪化、鉄道運行停止（0.05cm）、空港一時閉鎖（0.04cm）。

▲予想される降灰範囲（上）《『富士山ハザードマップ検討委員会報告書より作成、内閣府資料》と
降灰の影響（降雨の影響あり）（下）《『富士山火山避難基本計画（資料編）（令和5年3月）』より作成

富士山の噴火で想定される被害

富士山は活火山であり、近い将来に噴火すると予測されています。富士山が噴火すると、現在の私たちの生活にどのような影響が生じるのでしょうか。

改訂された富士山ハザードマップでは、噴火口の位置や火砕流、噴石、溶岩、泥流などの影響が予想される範囲や、避難対象エリアの区分が見直されました。このうち火砕流や噴石の被害は、山頂から山ろくにかけての広い範囲に及ぶと予想されています。これらは発生してからの避難では間に合いません。噴火の兆候をとらえて事前に避難する必要があります。夏の登山シーズンにはピーク時で1日に5000人以上が山頂を目指します。2014年に起きた御嶽山の火山災害によって、噴火の予兆をとらえることの重要性が改めて認識されました。また、冬から春先にかけては雪が積もっているため、融雪型火山泥流（火砕流などの熱で雪がとけて大量の水が土砂とともに高速で流れ下る現象）が起こる可能性もあります。富士山の噴火は、貞観噴火と宝永噴火の例が示すように、火口の位置が毎回変わり、噴火のタイプも一定ではないことから被害の範囲や内容もさまざまな場合が想定されるのです。また、外国人観光客の増加に伴い、外国人でも安全

に避難できるようあらゆる事態を想定した備えが必要とされています。

富士山の南山ろくの溶岩流が到達する可能性がある地域には、日本の大動脈である東海道新幹線や東名高速道路などがはしっています。もしそれらが溶岩によって使えなくなれば、社会的・経済的に大きな損失が生じます。同様に大きな被害をもたらすと考えられるのが、火山灰です。宝永噴火と同じ規模の噴火が起きれば、偏西風の風下である東京に数cmから10cm程度の火山灰が降ると予想されています。火山灰は火口から離れた地域ほど、より細かな粒になって飛び散ります。大気中に飛び散った火山灰によってジェットエンジンが停止するおそれがあるため飛行機も運航できません。また、滑走路に火山灰がわずかでも積もっていると飛行機の離発着もできなくなります。降灰予想を見てみると東京国際（羽田）空港、成田国際空港のほか厚木基地も使えなくなる可能性があることがわかります。さらに火山灰は電気を帯びているため、電子機器や精密機械に入りこんで故障の原因になると考えられています。このように現代社会では、交通網やライフラインの管理をはじめ、医療や企業活動など、あらゆる場で精密機械が利用されているため、私たちの生活への影響は江戸時代よりも深刻なものになると心配されています。

ここも見てみよう　火山灰➡p.14−15、融雪型火山泥流➡p.15、青木ヶ原樹海・関東ローム・火口・火山防災マップ➡p.43−44用

事例

事例6
世界にみる火山噴火と人々のかかわり

▲マウナロア山(アメリカ合衆国 ハワイ州)
▶ハワイ島の地図

(地図内)
アレヌイハハ海峡
0　50km
ハワイ島
コハラ山地
ホノカア
マウナケア山
フアラライ山
2018年噴火地点
ヒロ
カイルアコナ
マウナロア山
ハワイ火山国立公園
キラウエア山
太平洋
ナーレフ
リフトゾーン*
*楯状火山に特徴的にみられる細長い割れ目の地形
▲ 火山
⊕ 空港

世界最大級の活火山　ハワイ

　世界の火山にはどのようなものがあるのでしょうか。世界的によく知られた火山地域の一つが、北太平洋のハワイ諸島です。ホットスポットによる火山の集まりからなります。太平洋プレート上につくられた火山なので、火山誕生後にプレートとともに徐々に北西方向に移動し、その反対の南東側には新たな火山が誕生します。このため、北西方向に並んだハワイ諸島の南東端にあるハワイ島は最も新しい火山島です。ワイキキビーチで知られ、州都ホノルルがあるオアフ島は、ハワイ島の北西にある古い火山島です。

　ハワイ諸島最大のハワイ島は、活発な噴火活動を続けるキラウエア山や標高4000mを超えるマウナロア山など5つの火山からなります。キラウエア山は1983年以降ほぼ連続的に噴火してきました。噴火は玄武岩質マグマに由来する流れやすい溶岩流や、溶岩のしぶきが放出される溶岩噴泉を特徴とし、ハワイ式噴火とよばれる穏やかなタイプのものです。このため噴火を見に訪れる観光客も多く、ヘリコプターや小型飛行機による遊覧などが盛んです。一方で1990年と2018年には住宅地に溶岩流が流下し被害も生じています。2018年の噴火ではそれまで噴火が盛んであった場所から離れたキラウエア山北東部の住宅地での割れ目噴火で始まりました。流出した溶岩流により700戸以上の家が被害を受け、最終的に溶岩流は海岸にまで到達し新たな陸地もできました。溶岩の流出は4か月間継続しましたが、死者はいませんでした。

　マウナロア山はハワイ島の広い範囲を占める大型の火山です。標高は4170mと富士山よりも高く、周囲の海底からみれば高さ9000mに及ぶ地球上で最大の大きさをもつ火山ですが、標高のわりには穏やかな形状をもつ楯状火山です。玄武岩質マグマに由来するハワイ島の火山はマウナロア山を含め、いずれも非常に流れやすい溶岩が薄く積み重なるためこのような形状になります。

　マウナロア山の活動開始は少なくとも70万年前以前で、キラウエア山より古い火山です。しかし現在でも噴火する活火山で、2022年11月に38年ぶりに山頂カルデラで噴火し、溶岩流がハワイ島のヒロから西へ向かう道路の2.7km手前までせまりました。

　ハワイ諸島の地名や火山名の多くは、ハワイ諸島先住民(ハワイに移動したポリネシア人)のハワイ語に由来しま

▲住宅地に流れ込む溶岩流(アメリカ合衆国 ハワイ州)〈U.S. Geological Survey提供〉

▲地熱発電所がくみ上げた地下の熱水を再利用した温泉施設のブルーラグーン(アイスランド)

す。ハワイ語でキラウエアは「吐き出す」、マウナロアは「長い山」という意味です。先住民はつねに噴火と向きあってきたことから、ハワイ語には火山に関する言葉が多く、パホイホイ(なめらか)やアア(とげとげ)など溶岩の形状を表現する語は火山学の分野でも使用されています。また、玄武岩質マグマに由来する火山では噴火時に髪の毛のような繊維状の火山噴出物が風で飛ばされたり、小さな水滴型の火山噴出物が形成されたりします。これらはハワイ諸島で語り継がれてきた火山の女神であるペレに由来し、ペレーの毛、ペレーの涙とよばれています。

人々を魅了する世界の火山

北大西洋北部に位置するアイスランドも世界的に知られた火山島です。人口約36万(2021年)の小さな島国ですが約130の火山があるといわれています。火山、温泉、地震が多く島国であるなど、日本と共通点の多い国です。

アイスランドは、海嶺とホットスポットが合体した珍しい場所で、活発な火山活動がくり返されて大量のマグマが噴出し、島が形成されました。現在も火山活動が活発で、たびたび世界中で注目されてきました。

1783年の大規模な噴火では、島の南部にあるラキ山やその近隣の火山が噴火し、大量の二酸化硫黄を含む火山ガスや溶岩、火山灰が噴出しました。この影響でアイスランドでは大規模な飢饉が発生しました。火山ガスによる中毒や気候の寒冷化などの異常気象もまねき、イギリスやフランスなどヨーロッパでも多くの人が犠牲となりました。さらに日本の気象にも影響があったといわれ、江戸時代の「天明の大飢饉」も、このラキ山の噴火が一因という説もあります。一方アイスランドは「火と氷の国」とよばれ、国土の約11%が氷河でおおわれています。2010年には「島の山の氷河」を意味するエイヤフィヤトラヨークトル山が噴火し、氷河の中央にある頂上部の噴火口から大量の水がふき出しました。火山の熱は一瞬にして大量の氷をとかすほどすさまじく、その大量の水は近くの川に流入して洪水を起こしました。また、火山灰はヨーロッパ全土の航空路線を まひ させるほど広範囲に及び、約30か国の空港が一時閉鎖し、多大な経済損失を与えたといわれています。

観光が重要な産業であるアイスランドでは、温泉や、一定の間隔で水蒸気や熱湯をふき出す間欠泉が有名な観光地として人気を集めています。また、火山による地熱をたくみにとりこみ、安定したエネルギー源として利用しています。電力の100%が、自然の力を利用してくり返し使用できる再生可能エネルギーでまかなわれており、地熱発電はそのうちの約30%を占めるほどです。

また、アメリカ合衆国内陸部にあるイエローストーンは北アメリカ大陸最大のカルデラ火山で、ホットスポットに起源をもち、スーパーボルケーノ(超火山)ともよばれています。世界初の国立公園として、火山活動の見学や野生動物の観察などを目的に、年間数百万人以上の観光客が訪れています。間欠泉や色鮮やかな熱水の池など特徴的な現象も楽しむことができます。イエローストーンは非常に長い間隔で世界最大級の噴火をくり返してきました。最後の63万年前の噴火では、アメリカ合衆国の国土のほぼ半分が火山灰でおおわれるほどでした。周辺で起きている新しい間欠泉の出現や地面の隆起は地下に存在する巨大なマグマだまりの成長を示しており、次の噴火に向けた長期的な活動である可能性が指摘されています。もしこのように大規模な噴火が起これば世界的に気候の寒冷化が生じ、地球上の気温は10℃以上も下がると考えられています。人類を含めた生態系に大きな影響があるのはいうまでもありません。

ここも見てみよう 海嶺・ホットスポット・マグマ・ハワイ諸島➡ p.10−13、天明の大飢饉➡ p.9、44用、地熱発電➡ p.39、44用

対策1 気象庁による 火山観測・監視

▲噴火警戒レベル5に引き上げられた桜島（2022年7月24日放送・NHK 特設ニュースより）〈画像提供：NHK〉

火山災害を防ぐ日本の監視体制

　鹿児島市街地に近く、多くの観光客が訪れる桜島火山。市街地からもよく見え、フェリーに乗れば15分程度で桜島に上陸できます。近年降灰をもたらす噴火が発生していますが、2022年7月には噴石を火口から2.5kmにまで飛ばす噴火が発生し、気象庁が噴火警戒レベルを引き上げました。このように、火山災害を防ぐためには、警報を出して入山を規制したり避難を指示したりするなどの対策がとられています。

　地震と異なり、火山の噴火には何らかの兆候があると考えられています。噴火の際には、地球内部からマグマ、熱水、火山ガスなどの物質が急速に放出されるため、これらの物質が地下を移動するときにさまざまな変化が生じるからです。こうした地下の動きを察知できれば、直前に噴火を予測することができるのです。ではどのような兆候が起きるのでしょうか。例えばマグマや熱水が地下から湧き上がってくると、火山体がなかから押されてふくらみ、地表面がわずかに盛り上がったり傾いたりします。こうした動きを検出するには、地面の傾きを測定する傾斜計や人工衛星から発信される電波を用いたGNSS（GPS）観測装置などの機器が用いられます。ほかにも、火山活動が引き起こす地震やわずかな火山の動きを観測する地震計、火山の様子を遠望する高感度監視カメラ、火口周辺の温度を観測するための赤外熱映像装置など、さまざまな方法で火山のわずかな変化をとらえる試みがなされています。さらには現地での調査観測も行われ、より詳しいデータも取得されます。このようにして観測されるのは、全国に111ある活火山（2023年現在）のなかでつねに噴気活動が盛んなものやこれまでくり返し噴火したものなど、50の火山です。この50の火山については24時間体制で1年中観測が行われています。2015年に箱根で山の膨張と、

活発な地震活動が確認されたのは、日常的な観測の成果といえるでしょう。

　こうしたさまざまな観測データはどのように処理され、私たちのもとに届けられるのでしょうか。国や県などの公的機関や大学などの研究機関、自治体や防災機関等で観測された膨大なデータは、気象庁に集められます。集められたデータは、東京にある気象庁本庁内・札幌・仙台・福岡の全国四つの「火山監視・警報センター」に集約されます。24時間体制で観測・監視がなされ、災害につながる噴火が予測されれば噴火警報を発表するしくみになっています。この「火山監視・警報センター」では、火山の状況を正しく認識し、適切な警報を地元自治体や住民に向けて発信するために、火山の専門家で構成される「火山噴火予知連絡会」とも情報を共有し、噴火警報をより正確にするための努力を続けています。

▲火山を24時間監視する火山監視・警報センター（東京都）〈気象庁提供〉

噴火予測はどうやって出されるのか

　火山災害に備えるには、各火山で起きた過去の噴火の様子を知ることが重要です。過去の噴火は昔の人が残した古文書、例えば日記などに残された記述から丹念に探すことが基本です。しかし火山のしくみが科学的に解明されていない時代の場合、噴火か山火事かの判断がつきにくいなど、残された資料の解釈が難しい場合もあります。また、人の居住地から離れた火山の噴火であれば正確な情報が残っていることのほうが珍しいでしょう。さらに、古文書に残された国内最古の噴火記録は古くても千数百年前です。それ以前の噴火を知るためには、噴火に

よって噴出した火山灰や溶岩などの地質学的な証拠をたどります。日本では地質や地層の調査や噴出物の年代を測定する方法などによって、紀元前の火山噴火についても明らかになってきています。このような古文書や地質学的な証拠からは、単に噴火の事実だけでなく、どのようなタイプの噴火であったか、また、噴火によってどれほどの範囲に影響が及んだかも知ることができます。

　ところで、火山の噴火を調べてみると、活火山でなくても数万年以上の間隔で周期的に噴火している火山が存在することが明らかになっています。また人間が地球に存在する以前に、大規模な噴火が起きたこともわかってきました。活火山ではないからと安心せずに、どの火山にも大規模な噴火が起きる可能性があると想定することが大切です。

対策

進む日本の観測技術

　火山噴火の予知のために地面の傾きを観測する傾斜計は、1km先の地面が上下方向に1mmほど変化したかどうかまで知ることができる。また、GNSS観測装置を使えば、地球をおおう地殻が1cm程度動いたかどうかまで細かく調べられる。天候が悪いと噴火が検知しにくいときがあるが、このような場合には空振計が効果的だ。空振計を使えば、人間が感じられないほどわずかであっても、遠方で起きた爆発的な噴火によって発生する空気の振動をとらえることができる。これらは非常に高度な技術として世界でも評価されている。

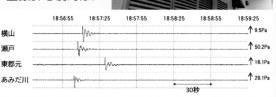

▶空振計（右上）〈気象庁提供〉と爆発的噴火に伴う桜島の空振波形（下）
（2016年2月5日18時56分25秒〜59分25秒）〈気象庁提供資料より作成〉

	18:56:55	18:57:25	18:57:55	18:58:25	18:58:55	18:59:25	
横山							↑9.5Pa
瀬戸							↑50.2Pa
東郡元							↑16.1Pa
あみだ川							↑29.1Pa
				30秒			

 ここも見てみよう　噴火警戒レベル➡ p.21、34−35、箱根➡ p.38、40−41

対策2

噴火情報が私たちに届くまで

▲阿蘇山から噴煙が上がる様子
（熊本県2016年10月8日）〈気象庁提供〉

噴火警報・噴火予報の発表

　2016年10月、九州地方の阿蘇山が噴火し、高さ1万1000mにもなる噴煙が上がりました。数十年ぶりの大規模な噴火です。人的被害を防ぐためにすぐに「警戒警報」が出され、「噴火警戒レベル3」となり入山規制となりました。

　活火山において火山災害が発生する可能性を察知した場合、気象庁は「噴火警報」を発表します。発表では生命に危険が及ぶ範囲、つまり警戒が必要な範囲が明らかにされます。具体的には、大きな噴石や火砕流、融雪型火山泥流など、逃げられない速度で人を襲う現象の発生が予想される場合で、その影響の想定範囲も示されます。想定範囲には、火口周辺域を想定する場合と居住地域を想定する場合があります。なお海底火山の場合では「噴火警報（周辺海域）」として発表されます。

　「噴火警報」は気象庁から報道機関、都道府県等の関係機関に通知され、気象庁ホームページ、テレビ・ラジオ、携帯端末などを通じて住民や登山者に周知されます。逆に「噴火警報」を解除する場合は「噴火予報」として発表されます。2023年9月の段階では、桜島、口永良部島、西之島、浅間山など8の火山で「噴火警報（火口周辺）」が、噴火の影響が海上や沿岸に及ぶおそれのある場合に出される「噴火警報（周辺海域）」が福徳岡ノ場（南硫黄島付近）などの4海域で発表されています。日本ではつねに活発に活動している火山が多いことがわかります。

噴火警戒レベルとは

　24時間体制の監視が行われている50の火山のうち、49の火山では常時5段階からなる噴火警戒レベルが設定されています（2023年9月現在）。レベルに応じて、警戒が必要な範囲と、防災機関や住民が具体的にとるべき防災対応をわかりやすく指標として示したものです。レベル1は火山活動が静穏な状況であり、火口内への立ち入り規制がなされることはありますが、基本的に住民は活火山であることに留意して通常状態で生活できます。これに対してレベル2と3では「噴火警報（火口周辺）」が出されている状態で、住民は通常の生活を維持できますが、入山規制・登山禁止などの措置がとられます。レベル4と5では「噴火警報（居住地域）」となり、住民は避難するなど

種別	名称	対象範囲	噴火警戒レベルとキーワード	火山活動の状況	住民等の行動	登山者・入山者への対応
特別警報	噴火警報（居住地域）又は噴火警報	居住地域及びそれより火口側	レベル5 避難	居住地域に重大な被害を及ぼす噴火が発生、あるいは切迫している	危険な居住地域からの避難等が必要	
			レベル4 高齢者等避難	居住地域に重大な被害を及ぼす噴火の発生が予想される（可能性が高まってきている）	警戒が必要な居住地域での高齢者等の要配慮者の避難、住民の避難の準備等が必要	
警報	噴火警報（火口周辺）又は火口周辺警報	火口から居住地域近くまで	レベル3 入山規制	居住地域の近くまで重大な影響を及ぼす（この範囲内で生命に危険が及ぶ）噴火が発生、あるいは発生が予想される	通常の生活（今後の火山活動の推移に注意。入山規制）。状況に応じて高齢者等の要配慮者の避難の準備等	登山禁止・入山規制等、危険な地域への立ち入り規制等（状況に応じて規制範囲を判断）
		火口周辺	レベル2 火口周辺規制	火口周辺に影響を及ぼす（この範囲内では生命に危険が及ぶ）噴火が発生、あるいは発生が予想される	通常の生活。（状況に応じて火山活動に関する情報収集、避難手順の確認、防災訓練への参加等）	火口周辺への立ち入り規制等（状況に応じて火口周辺の規制範囲を判断）
予報	噴火予報	火口内等	レベル1 活火山であることに留意	火山活動は静穏。火山活動の状態によって、火口内で火山灰の噴出等が見られる（この範囲内では生命に危険が及ぶ）		特になし（状況に応じて火口内への立入規制等）

▲噴火警戒レベル〈気象庁資料より作成〉　　　　　　　　　　※それぞれ、状況に応じて対象範囲・地域や方法等を判断する。

非常時の行動が求められます。2015年5月に口永良部島が爆発的に噴火した際は初めて「噴火警報レベル5」が適用され、全島の住民が島外へ避難する事態になりました。

噴火警戒レベルが設定されている火山では、自治体や気象台、自衛隊・警察・消防、火山専門家などによって火山防災協議会が構成されており、ふだんから入山規制や避難勧告の範囲が検討されています。そして噴火警戒レベルが上がった際にはすばやく対応し、噴火災害を軽減することを目指しています。

火山噴火に関わるさまざまな予報

これまでみてきたように、火山の噴火に伴う火山災害にはさまざまなものがあります。どのような被害が生じるかを考慮して、気象庁から降灰・火山ガス・噴火に関する予報が発表されます。

2008年に開始された「降灰予報」は、一定規模の噴火が発生した場合、噴火後5～10分程度で速報が、20～30分程度で詳細な予報が発表され、噴火発生から6時間先までに予想される降灰量分布や降灰開始時刻が提供されます。例えば、2016年10月の阿蘇山の降灰予報では、阿蘇山北東側には「多量」の降灰があると想定されました。この「多量」というのは、火山灰によって路面が完全におおわれるほどの降灰を指し、外出や運転を控える必要が出てきます。また、桜島や浅間山など、噴火の発生に関わらず降灰のおそれがある火山に対しては、定期的に予報が発表されています。

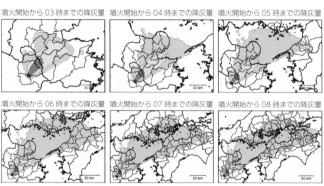

▲阿蘇山の降灰予報（2016年10月）
〈気象庁提供〉

●：多量の降灰
●：やや多量の降灰
●：少量の降灰
太線：降灰が予想される市町村

二酸化硫黄や硫化水素など人に有害な火山ガスが多量に放出される場合に発表される「火山ガス予報」もあります。伊豆諸島の一つである三宅島では2000年の噴火以降、長期にわたり二酸化硫黄が放出され続けたため火山ガス予報が島の全域に出され、5年近く全島民が島から避難していました。このほか、2014年の御嶽山の噴火災害の反省にたって、気象庁では噴火の発生事実をいち早く発表する「噴火速報」が2015年から出されるようになり、また活火山に向かう登山者に対して「火山登山者向けの情報提供ページ」が作成されました。

このように、気象庁が発表する火山に関する防災情報にはさまざまなものがあります。火山があるからといって自分たちの住む場所を簡単に移すことはできないからこそ、火山とうまくつきあっていく工夫が必要です。そのために、自分たちの地域にどのような情報が出されているのか、ふだんから確認することが大切です。

ここも見てみよう　噴火警戒レベル➡p.21、噴石➡p.14、火砕流・融雪型火山泥流➡p.15、口永良部島の噴火➡p.12−13、三宅島の噴火➡p.6、火山防災協議会➡p.37、43用、火山ガス➡p.14、43用

対策3 火山ハザードマップと地域の取り組み

火山防災におけるハザードマップ

　火山災害を防ぐためには、噴火を予測し発生前に知らせるだけでなく、住民や登山者がふだんからさまざまな危険を知り、いざというときに対応できるよう備えておくことが必要です。周辺住民に配布されたり、インターネットで確認できたりする火山ハザードマップ(火山防災マップ)は、その一つの手がかりです。

　ふだんは火口付近まで近づけるおだやかな火山でも、ひとたび噴火が始まると、人が逃げられない速度で襲いかかる火砕流や噴石、広範囲・長期にわたり生活や農業に影響する降灰、噴火がおさまってもたびたび起こる土石流など、さまざまな災害が考えられます。一方、これらの災害が及ぶ範囲には現象ごとに特徴があります。まず、噴石は火口から5km以上離れて到達することはほとんどありません。降灰は風向きにより影響範囲が変わりますが、噴火規模が大きいと偏西風の影響を受けて東側に降る可能性が高まります。土石流や溶岩流は低い谷に沿って流れ下ると考えられます。このように火山ごとに起こりうる現象をあらかじめ想定して、その影響の範囲を地図上に示すことが火山ハザードマップの基本的な考え方です。ふだんからハザードマップで安全な地域を確認しておき、噴火の兆候が生じたら速やかに避難する必要があります。

　噴石や火砕流から身を守るには、発生前に到達予想範囲から離れるしかありません。例えば、右上の那須岳のハザードマップをみると、水蒸気噴火の場合とマグマ噴火の場合が想定されています。2図を比べると、マグマ噴火のほうが、被害が広範囲に及ぶことがわかります。那須岳がマグマ噴火した場合、火口から南東に約5km離れた那須湯本温泉付近にまで火砕流とそれに伴う熱風が到達する可能性があることがわかります。また、雨の影響や噴火の熱で雪がとけて発生する泥流は東北自動車道や東北新幹線に到達し、それらを寸断させる危険性があ

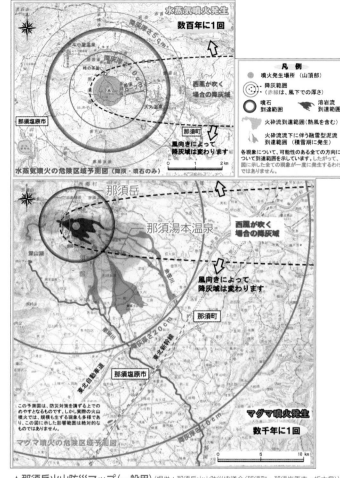

▲那須岳火山防災マップ(一般用)〈提供：那須岳火山防災協議会(那須町・那須塩原市・栃木県)〉

ることが読みとれます。こうした地域を避けて避難場所を決めることが大原則となります。

　2014年の御嶽山の噴火以降、火山ハザードマップの整備が急速に進みました。当時、ハザードマップがなかった、乗鞍岳(長野県、岐阜県)や日光白根山(栃木県、群馬県)、八丈島(東京都)など登山客や観光客が訪れる火山でも整備されました。

　ところで一つ大きな問題があります。ハザードマップで示された影響が及ぶ範囲を越えて、火山災害が起こる可能性があることです。影響の範囲は近年の噴火を参考につくられる場合が多く、幸いにも噴火の種類や規模が影響の小さいものばかりでした。そのため、ハザードマップで想定していない大規模な噴火や被害が生じることは

▲有珠山噴火前に自衛隊員の協力を得て避難する住民たち（2000年）

▲地域の防災訓練（鹿児島県 鹿児島市 2023年）〈黒神中学校提供〉

十分に考えられます。活火山の場合、過去1万年の間に起きた噴火履歴をもとに影響の範囲を作成しますが、1万年では観測期間として短いという見方もあります。また、同じ火山であっても噴火の規模は状況で変わり、数十倍から数百倍、ときには千倍にもなります。特に火砕流が発生すると、どこまで影響が及ぶか事前に把握することは困難です。

では私たちは火山防災のためにハザードマップをどう活用すればよいのでしょうか。ここに、ハザードマップをつくっていたからこそ避難に成功した事例があります。

北海道の有珠山では、1977年の噴火直後から有珠山観測所や地元の研究者たちが中心となって、ハザードマップを作成し、周辺自治体の住民を対象に火山防災教育を行ってきました。住民たちは避難訓練のたびに、噴火が起きた際にどこに避難すればよいのか、何をすればよいのか、何度も確認していました。そのため、2000年に有珠山が噴火した際、ハザードマップの想定と実際の噴火被害が異なっていた地域があったにもかかわらず、臨機応変に避難場所を変えて1人の被害者も出さずに避難できたのです。また、この防災教育を受けた世代が自治体の職員に成長していたことも大きな要因だったといわれています。この事例から、まずはハザードマップを作成して被害の想定を把握すること、さらにハザードマップを用いて具体的な避難訓練を行うことが大切だということがよくわかります。

命を守る地域の連携

火山周辺の地域ではどのような災害対策がなされているのでしょうか。周辺の自治体を中心に設置される「火山防災協議会」がその重要な役割を担います。2014年の御嶽山の噴火の反省を受けた活動火山対策特別措置法（活火山法）の改正により、常時監視対象となる50の火山については火山防災協議会の設置と避難計画の作成が義務づけられました。多くの火山は県や市町村にまたがるため、火山防災協議会は複数の都道府県や市町村で構成されることも多く、そこに気象台や国土交通省地方整備局（または北海道開発局）、自衛隊、警察、消防、火山専門家が加わり、観光関係団体などが参加することもあります。

火山防災協議会では、火山ハザードマップの作成をはじめ、どこにどのように逃げるかを示した具体的な避難計画などが検討されます。火山ハザードマップは住民だけでなく登山者・観光客などへ広く配布される予定です。避難計画は各地の協議会で検討されており、例えば富士山周辺の山梨・静岡・神奈川各県とそれら県内の関係市町村がたがいに協力して「富士山火山広域避難計画」（2023年「富士山火山避難基本計画」へ改訂）を公表し、広範囲にわたる火山災害に対してすぐに避難できるよう備えています。登山者や観光客が集まる施設、老人福祉施設、学校、病院などについては、「避難確保計画」の作成・公表、訓練の実施が義務づけられています。

このような火山災害の備えに基づき、地域で大規模な訓練が実施されています。例えば桜島では、爆発や火山性地震を想定し、町内会と消防団などが連携した住民主体の避難訓練が島全域で行われています。小・中学校も参加しており、次世代へつなぐ火山防災の継承に取り組んでいます。火山周辺に暮らす住民が、火山災害についてよく理解し、日頃から備える意識をもっておくことは非常に大切です。有珠山噴火の際に、想定外の状況下でも住民がすばやく適切な避難行動をとれたのは、学校での防災教育や地域の避難訓練を通して、一人ひとりに防災意識が浸透していた成果でもあるのです。

対策

ここも見てみよう　火山噴火による被害➡ p.14−15、御嶽山の噴火➡ p.20−21、有珠山の噴火➡ p.26−27、火山防災協議会➡ p.35、43用

火山の恩恵と人々の生活

▲観光客でにぎわう大涌谷（神奈川県 箱根町）

▌温泉と観光

　日本百名山という言葉を聞いたことがあるでしょうか。日本には数々の美しい山があり、登山家で随筆家でもある深田久弥は、山のもつ風格や歴史などから国内を代表する100の山を選んで本にしています。この本に載っている山のうち、約半分は火山です。火山というと溶岩が流れ出る噴火のイメージがありますが、多くの火山はふだん静かな状態で、火口に近づくことも可能です。また、水蒸気などを放出する噴気活動がみられても、適切な距離を保てば人々の生活に影響が及ぶことはありません。むしろ、火山はさまざまな恩恵をもたらしてくれます。マグマから伝わった地下の熱は、温泉や地熱発電のエネルギーとなります。火山がつくり出す円すい型の山の形やくぼ地に水がたまった湖などは、美しい風景をもたらし、観光資源ともなっています。日本では特に温泉観光が盛んで、年間を通じて国内外から多くの観光客が訪れます。温泉は昔から体によいといわれており、湯治といわれる温泉療法は平安時代からあったといわれています。日本人にとって温泉は古くから身近な存在だったのです。

　一方で、活動が活発になった火山は、火口周辺や危険な地域への立ち入りが規制されます。そのため、噴火が報じられると、その地域に訪れる予定だった観光客が旅行を取りやめ、宿泊のキャンセルが相次ぐことがあります。2015年には、箱根の大涌谷付近で地震や噴気量が増大し、大涌谷周辺が立ち入り禁止となって観光客が大幅に減少しました。また、大涌谷からかなり離れた噴火の影響がない地域でも、箱根は危険というイメージが広がり、箱根を訪れる観光客が激減したのです。有名な温泉街として多くの人が訪れていた箱根にとって、非常に大きな痛手となりました。このように、火山から得られる温泉がある観光地では、火山の噴火によって経済的な損失を受ける可能性があります。

▌火山灰が積もった大地と農業

　火山が噴火を起こすと、大規模な火砕流や火山灰を放出し、周辺の地域はそれらにおおいつくされ、動植物も瞬時に死に絶えます。しかし、その後数十年から数百年の長い年月をかけて本来の森林が再生し、火山灰は土に変わります。火山灰からできた台地は水はけがよすぎる

ため、そのままでは米などの農産物の成育には適しません。しかし、かんがい設備を整えたり土壌改良を重ねたりした結果、かつては火山灰におおわれた土地でもさまざまな農産物が栽培されるようになりました。

▲浅間山と観光地 鬼押出し（1783年の天明噴火による溶岩流）（群馬県 嬬恋村）

▲霧島市の平らな地形と茶畑（霧島茶）（鹿児島県）

　浅間山、四阿山、草津白根山の三つの火山に囲まれた群馬県嬬恋村は、高地の気候を生かした国内有数のキャベツの生産地として知られています。また、鹿児島県を中心に広がるシラス台地では、さつまいも や茶を中心とした農業が盛んです。シラス台地も、姶良カルデラによる巨大な火砕流が周囲数十km以上の土地をおおいつくしましたが、長い時間をかけて土が形成されました。これらの地域では、火山活動によって食物生産の場が提供されたともいえます。

■ 火山とともに生きる人々の工夫

　火山国である日本では、火山の恵みをさまざまな形で生活のなかに生かしてきました。身近なところでは、日常生活でかつてよく使われていたマッチがあります。マッチは、各地の火山にある硫黄鉱山で採取された硫黄を原料としていました。また、規模の大きなものとしては、地熱発電があります。地熱によりもたらされた水蒸気でタービンを回転させて電力を得るもので、再生可能エネルギーの一つです。大分県にある活火山の九重山（くじゅう連山）西側には、国内最大の地熱発電所である八丁原発電所があり、合計11万kwの発電ができます。これは年間の発電

▲八丁原地熱発電所

量として、約20万kLの石油に相当します。しかし日本は火山国でありながら、発電量のなかで地熱発電の占める割合は約0.3％（2020年）とかなり低いものです。同じ火山国であるアイスランドが発電量の約30％（2020年）を地熱でまかなっていることと比べれば対照的です。2011年の福島第一原子力発電所の事故以来、地熱発電は以前よりも注目されるようになっています。エネルギーという形で、私たちは火山の恵みをさらに生かす努力が求められています。

◉ 火山噴出物から得る火山の恵み

　火山が噴火すると火山灰や軽石が降下したり溶岩流が流下したりするなど人間生活に大きな影響が生じる。特に火山灰が降った場合にはその除去に大きな労力が強いられている。一方、溶岩が特産物の製品づくりに利用されている場合もある。伊豆諸島の新島では平安時代の噴火による溶岩（抗火石とよばれる）がガラス製品化された。また過去の噴火でもたらされた噴出物もさまざまに利用されている。例えば4万年前の赤城山の大噴火で関東北部に降った軽石は鹿沼土とよばれ、広く園芸用品として販売されている。なかでも赤城山から離れた鹿沼の鹿沼土は軽石の粒の大きさが園芸に適しており、また適度に風化しているため園芸用品として質の高い条件がそろっている。また火砕流堆積物も石材として利用されており、福島県南部の白河石などを利用した建物を街中でもよくみかける。

▲オリーブグリーンが特徴の新島ガラス
〈新島ガラスアートセンター／野田收 作〉

ここも見てみよう｜地熱発電➡p.31、44用、アイスランド➡p.31、福島第一原子力発電所の事故➡2巻 p.17

火山活動がもたらすものとは❓
火山周辺の観光について考えてみよう

これまでみてきたように、火山活動が私たちに与えてくれる恵みはたくさんあります。一方で、大きな噴火が起こったときに、人々の生活に影響を及ぼすことも事実です。どうすれば噴火による被害を最小限にして火山と共生していけるのでしょうか。温泉観光地としても有名な箱根を手がかりに考えてみましょう。

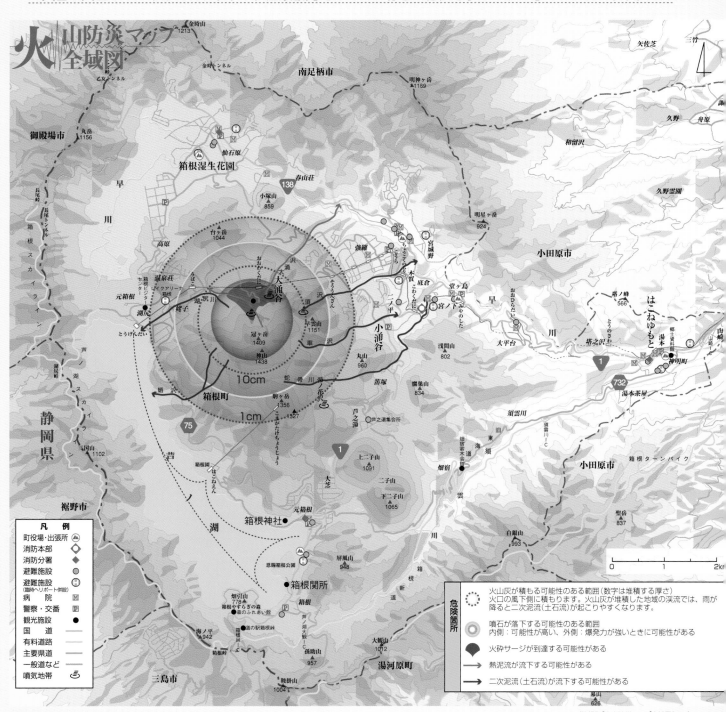

〈箱根町「火山防災マップ全域図」より〉

▶箱根山とその周辺

事例地（箱根）の特徴

神奈川県と静岡県の県境にある箱根山。そのけわしさは「天下の嶮」ともうたわれ（中学唱歌『箱根八里』）、古くから東西を結ぶ東海道の難所となってきた。

大涌谷（おおわくだに）
火山地下からの熱い噴気が立ちこめる箱根山の噴火口跡。ゆで卵のような火山ガスの臭い（におい）がただよっている。

箱根温泉
歴史は古く、湯本温泉は奈良時代から知られていた。江戸時代後期からは湯治（とうじ）利用だけでなく温泉観光地としても知られるようになった。

👉 地図を見る目

ハザードマップを見て、大きな噴火が起こったらどのような事態が生じるかをあらかじめ知っておくことは大切です。
左の箱根山のハザードマップで、次の①〜④を指でたどりながら、噴火が起こったときの影響範囲（はんい）を読み取ってみましょう。

❶ 火山から2kmの範囲
縮尺（しゅくしゃく）を参考にしてみよう。
火山灰が1cm積もる可能性のある範囲とだいたい重なるようだ。

0　　1　　2km

火山灰が積もる可能性のある範囲

❷ 熱泥流（ねつでいりゅう）が流れる可能性がある沢や谷
火砕（かさい）サージ※が発生する可能性がある火口北側（きたがわ）が危険のようだ。
火口から2km以上離れたところにも熱泥流の被害が及ぶかもしれない。

熱泥流が流下する可能性があることを示す記号

※火山灰などを含む高温の火山ガスが高速でふき出す現象

❸ 土石流（どせきりゅう）が流れる可能性がある沢や谷
火口から3km以上離れたところにも流れる可能性がある。
雨が降ると危険なようだ。人家にも被害が出るだろうか。

二次泥流（土石流）が流下する可能性があることを示す記号

❹ 箱根観光の玄関口の「箱根湯本駅（あしのこ）」と観光スポットの「芦ノ湖」
箱根湯本駅（はこねゆもと）や芦ノ湖には大きな被害は出ないのだろうか。
もし噴火したときに危険が及ぶ観光スポットはどこだろう。

箱根のおもな観光スポット
・大涌谷（おおわくだに）
・小涌谷（こわくだに）
・箱根湿生花園（しっせいかえん）
・箱根神社
・箱根関所（せきしょ）

➕ あなたの住む都道府県には火山はあるでしょうか。近くの火山のハザードマップを確認（かくにん）してみましょう。

👉 そのときあなたならどうする？「クロスロード」に挑戦！〜火山編〜

「クロスロード」については、1巻p.48および本巻奥付を参照

Q あなたは家族旅行で火山近くの温泉街に行くことになっていた。ところが、火山活動が活発化して噴火警戒レベルが「1」から「2」へ上がったというニュースが。お父さんは「次に休みを取れるのはいつになるかわからないから計画どおりに行こう」という。一方、お母さんは「少しこわいから旅行は取りやめよう」という。あなたはどちらの考えに賛成？

計画どおりに旅行する

旅行を取りやめる

考察ポイント！
①あなたが計画通りに旅行するならば、気象庁の噴火警戒情報から立ち入り規制などの情報を入手したり、ハザードマップで噴石や火山灰などの被害が及ぶかどうかを確認（かくにん）したりして、安全性をあらかじめ確認することが重要である。
②あなたが旅行を取りやめれば家族は確実に安全である。しかし、それでは温泉でくつろぐことができない。また、多くの人がそのような判断をし、長期間にわたり客足が遠のけば、温泉街で働く人々に深刻（しんこく）な問題となるだろう。
③火山近くの温泉街に行くときには、噴火警戒レベルなどの最新情報を把握（はあく）してから旅行計画を立てたい。安全の確認ができれば、家族で心ゆくまで温泉を楽しめる。ただし万一に備え、ハザードマップなどで避難場所を確認しておくとよい。

🔍 ここも見てみよう　火山灰・泥流・土石流➡p.14−15、噴火警戒レベル➡p.21、34−35、火山ハザードマップ➡p.36−37、火山と観光➡p.38−39

おわりに

　私たちが暮らす日本は、適度に暖かく、適度に雨が降る地域にあるため、美しく豊かな自然に恵まれています。山に目を向ければ、春の新緑や秋の紅葉など、四季折々の美しい景色を楽しむことができます。そして、山間には数多くのせせらぎをみることができます。また、海に目を向ければ、美しい砂浜が続く海岸、荒々しくも雄大な磯の風景などをながめることができます。

　昔から、日本人はこうした自然をたくみに利用してきました。稲の生育に適切な気温と降水のおかげで、米づくりの文化を育んできました。また、火山の周辺にわく温泉を病気やけがをなおす場として利用したりもしてきました。さらに、海は魚などの食料を得る場として重要であるだけでなく、海水浴やマリンスポーツの舞台としても活用されています。日本は世界のなかでも最も自然に恵まれ、自然とともに歩んできた国の一つといえるでしょう。

　しかし、自然は常におだやかで恵みだけをもたらすとは限りません。恵みの大地は思いもよらぬところで大地震を起こし、都市や建物を破壊することがあります。また、大きな地震は津波を引き起こし、多くの人命や財産をうばうこともあります。火山は噴火による火山灰を広範囲にまき散らし、溶岩や火砕流が近くの集落を飲みこんでしまうこともあります。ふだんは恵みの雨であっても、長時間同じ場所に降り続けることによって、洪水や土砂崩れなどを引き起こすこともあります。自然は恵みでもあり、おそれの対象でもあるのです。

　このように、私たちにとってかけがえのない自然は、「恵み」と「おそれ」の両面をもっており、それは人間の力の及ぶ範囲をはるかに超えています。そのため、ときとして大きな災害をもたらすことがあります。そのときに被害を最小限にくいとめられるよう、災害が起こるしくみを正しく理解し、防災への取り組みをふだんから心がけることは、とても大切です。そうすれば、いざというときに正しい判断と適切な行動によって、自分の命を守れるに違いありません。また、自然災害にあってしまった人たちを一人でも多く助けることができることでしょう。この本はそうした思いを込めて、災害が起こるしくみ、防災の取り組み、災害にあったときの心がまえをできるだけわかりやすくまとめました。

　読者のみなさんが将来にわたって、この本で学んだこと・感じたことを心に刻んでくれることを願っています。そして、万が一災害に巻き込まれたときに、この本に書かれていることを思い出して、困難を乗り越えてくれることを祈っています。

帝国書院編集部

■ 用 語 解 説 ■

■ 青木ヶ原樹海

富士山の北西の山ろくにあり、富士山の噴火（９世紀）による溶岩地帯に広がる天然林で、国の天然記念物に指定されている。ツガなどの針葉樹やカエデなどの広葉樹が生え、溶岩はコケにおおわれており、風穴・氷穴もある。

■ 海底火山

海底の地殻の割れ目からマグマが噴出して形成される火山。地球の表面にあるプレートの動きに伴って地下でマグマが生成され、上昇して海底の地表に達すると噴火する。日本近海にはプレートどうしが衝突する沈み込む地域があるため、プレートの境界線上に海底火山が形成される。伊豆・小笠原諸島周辺や南西諸島周辺の海域などに多くの海底火山があり、火山性地震や噴火活動が活発に起こる。

■ 火口

マグマや火山ガスなどが噴出する出口。噴火口ともいう。火口があってもそこから噴火するとは限らず、また、噴火の結果として新たに火口ができることも少なくない。また火口は山頂にない場合も多く、複数の火口をもつ火山も多い。

■ 火山

噴火によってマグマが地表に噴出してできた地形。噴出した溶岩などが堆積して山になった凸地形だけではなく、爆発や陥没による凹地形も含まれる。火山は、温泉や山岳信仰との関連を除いて、自然景観としては近世までは評価が低かったが、明治期以降に評価されるようになり、国立公園をはじめ多くの景勝地で重要な観光資源となっている。

■ 火山ガス

火山から放出される気体。マグマにとけこんでいた揮発性の成分が気体となり、膨張して発生する。成分の大部分は水蒸気で、そのほか二酸化炭素、硫化水素、二酸化硫黄、塩化水素などをふくむ。このガスの圧力が噴火の原動力となることがある。平常でも火口、噴気孔、温泉などから少しずつ放出されていることが多い。火山ガスに硫化水素や二酸化硫黄がふくまれていると、健康被害を引き起こすことがある。

■ 火山活動

火山によるさまざまな自然現象。噴火による溶岩流、火山灰の降灰、火砕流、火山性地震などで、多くは災害を引き起こす。

■ 火山性地震

火山やその周辺で発生する地震のこと。マグマや水蒸気が周囲の岩盤に圧力を加えて破壊させたり、マグマにふくまれる泡がはじけたりすることによって起きると考えられる。

■ 火山フロント（火山前線）

火山が集中する幅100〜200kmほどの細長い地帯（火山帯）の海溝側の縁で、海溝にほぼ平行している。ここでは海洋プレートが沈み込んでマグマがつくられていて、火山活動の原因となる。このフロントから海溝側には火山はない。

■ 火山防災協議会

国全体の活動火山対策の総合的な推進に関する基本的な指針等を定めた活動火山対策特別措置法に基づき、各火山の地元の都道府県および市町村によって設置された協議会。都道府県、市町村、気象台、砂防部局、自衛隊、警察、消防、火山専門家等で構成される。平常時から噴火時の避難について共同で検討を行っている。

■ 火山ハザードマップ・火山防災マップ

火山ハザードマップは、大きな噴石、火砕流、融雪型火山泥流などの影響がおよぶおそれのある範囲を地図上にわかりやすく示したもの。平常時には避難計画を検討するため、噴火時等においては入山規制や避難等の防災対応、土地利用等を検討するための基礎資料として活用される。火山防災マップは、火山ハザードマップに、防災上必要な情報（避難対象地域、避難先、避難経路、避難手段等に関する情報、噴火警報等の解説、住民や一時滞在者等への情報伝達手段等）を加えたもの。平常時においては住民や一時滞在者等に火山災害の危険性、避難の必要性、避難先、避難経路、避難手段等を周知するため、噴火時等においては入山規制や避難等の防災対応を実施するための資料として活用される。

■ 活火山

火山のうち、過去１万年以内に噴火した火山および現在活発な噴気活動のある火山。現在全国の火山のうち111が活火山とされており、そのうち監視・観測体制の充実が必要な火山として50の火山が選ばれている。さらにそのなかの49火山（2022年３月）については、５段階の警戒レベルが示されている。以前は、休火山（噴火の記録のあるもの）、死火山（記録のないもの）という分類もあったが、現在は使われていない。例えば富士山は、以前は休火山とされていたが、現在は活火山とされている。

■ カルデラ

大規模な噴火でマグマが噴出し、マグマのあった地下が空洞になったために陥没してできた大きなくぼ地。火口よりも大きく、ほぼ円形である。一般に直径は１〜２km以上で、世界最大級といわれる阿蘇カルデラの直径は約20kmである。スペイン語で「大きな なべ」を意味する。中央火口丘や外輪山のある複式火山になっていることも多い。

① 大規模な噴火が起き、大量のマグマなどが放出される。

② 地下のマグマがなくなった部分が空洞化し、地面が陥没する。

③ 直径１〜2km以上の大きなくぼ地（カルデラ）ができる。

■ 用 語 解 説 ■

■ 関東ローム

関東平野の台地に広がっている火山噴出物を多く含む地層。ロームの本来の意味は、砂・シルト(砂より小さく粘土より大きい土)・粘土がほぼ同量で混じり合っている土のことである。しかし関東ロームという言葉は、厳密にロームかどうかにかかわらず、実際には富士山・箱根山などからの火山灰、軽石、スコリアなどが風化してできた赤土・黒土を指す、やや広い意味で使われている。

■ ジオパーク

地球の活動の歴史とその結果を示す地形・地質で、保存すべき重要な価値があり、教育的な意義のあるもの。「ジオ」は「地球」「地理」「地質」「大地」の「地」に当たる。自然の保護だけではなく、文化的な重要性、観光、持続的な開発にも配慮している。2004年にユネスコが支援して世界ジオパークネットワークが発足し、世界各国から推薦されたものを審査し、認定するシステムがつくられた。日本には46のジオパークがあり、そのうち10地域がユネスコの世界ジオパークに認定されている(2023年5月)。ジオパークでは動植物・岩石などを採取したり販売したりすることは認められていない。

■ シラス台地

シラスからなる九州南部(鹿児島県～宮崎県南西部)の台地。シラスとは、姶良カルデラ(鹿児島湾の北部に当たる)で発生した3万年前の大規模火砕流による火山灰などの噴出物で、厚さは100m以上に達するところもある。シラスの上の地表にはその後の桜島・開聞岳・霧島山などの噴火による火山灰が堆積している。水を通しやすいため農業には向いていない土地であったが、かんがい設備を整えるなど畑作開発が進められ、笠野原台地(鹿児島県)の事例などが知られている。

■ 地殻

地球の最も外側の部分。厚さは場所によって異なり、一般に大陸では厚く、60km以上のところもあるが、平均の厚さは30～40km。海洋ではうすく、10km以下となる。

■ 地熱発電

地下から高温の水蒸気・熱水を取り出して発電することで、その多くは火山の近くに立地する。地熱による水蒸気の噴出が安定しているため、整備・運転も比較的容易であるという利点がある。再生可能エネルギーの利用の一つで、インドネシア、フィリピン、アイスランド、ニュージーランド、ケニアのような火山国では発電量のかなりの割合を占めている国もあるが、日本ではきわめて小さい。

■ チバニアン

地質時代の区分の一つで、約77万4000年前から12万9000年前までの期間の名称。ラテン語で「千葉の時代」を意味する。養老川流域田淵の地層(千葉県市原市)が、一番新しい地磁気逆転の記録が世界で最もよく残っていると世界的に認められ、2020年1月に日本の地名にちなんだ名称が初めて採用された。

■ 天明の大飢饉

江戸時代(1782～87年)に起こった大きな飢饉の一つ。1783年の浅間山の噴火・降灰、ラキ山の噴火による冷害などが重なり、東北・関東を中心に約13万人※の死者を出したといわれている。各地で一揆や打ちこわしが続出し、当時、老中であった田沼意次への政治批判につながっていった。※死者数には諸説ある。

■ フランス革命

18世紀のフランスでは国王の権力が強く、聖職者や貴族たちは納税の義務を免除されるなど特権をもっていた。一方、平民たちはそうした特権階級の人々を支えるために重い税に苦しんでいた。そこで1789年、国王や大貴族中心の政治に対する不満が爆発し、一部の貴族や商工業者に農民や都市の民衆も加わって革命が起きた。これをフランス革命という。このとき、ヨーロッパは寒冷化しており、小麦の不作なども革命の要因になったと考えられているが、この寒冷化をもたらしたのがアイスランドのラキ山の噴火といわれている。

■ プレート運動

地殻とその下のマントルの上部とが合わさった厚さ100kmくらいの固い岩石の層をプレートという。プレート運動とは、地球の表面をおおっている十数枚のプレートがマントル内部の対流によってゆっくりと水平方向に動いていることで、地殻変動や火山活動などの原因となっている。

■ 噴火

溶岩、噴石、火山灰などが急速に噴出すること。また、マグマが直接噴出するのではなく、マグマからの水蒸気や、地下水がマグマで熱せられて生じた水蒸気が、圧力を増して岩石を吹き飛ばす水蒸気噴火(爆発)も噴火の一種で、御嶽山の噴火(2014年)もその例である。なお、水蒸気や火山ガスが出ているだけの場合は噴火ではなく噴気という。

■ マグマ

岩石が高温でとけた状態になっているもの。地殻の下部からマントルの上部にかけて発生する。粘りけ が強く固体に近いものから、粘りけ が弱く液体に近いものまである。マグマが高温でまわりの岩石よりもわずかに密度が低い(軽い)と地表に向かって上昇し、まわりの岩石と同じ密度のところまでいくと、そこにとどまってマグマだまりとなる。噴火によって溶岩・噴石・火山灰などの噴出物となる。

■ マントル

地殻の下(地下数十km～2900km)にある高温の固体の層。長い時間でみればきわめてゆっくりと対流している。大陸はこのマントルに乗っているため、マントルの対流によって動く。

さくいん

 # さくいん

わかる！ 取り組む！
新・災害と防災

全5巻

①基礎②事例③対策の3段階で、自然災害の発生のしくみから被害、取り組みまでを体系的に整理！
読者が自然災害を正しく理解し、「自分ごと」としてとらえて備えられるように構成しました。

1巻 地震

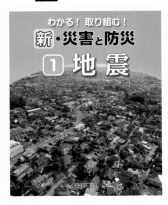

掲載事例：熊本地震、阪神・淡路大震災、関東大震災、北海道胆振東部地震など

2巻 津波

掲載事例：東日本大震災、南海トラフ地震による津波（シミュレーション含む）

3巻 火山

掲載事例：雲仙普賢岳、御嶽山、桜島、有珠山、富士山など

4巻 豪雨・台風

掲載事例：平成30年7月豪雨、令和元年東日本台風、鬼怒川水害、伊勢湾台風など

5巻 土砂災害・竜巻・豪雪

掲載裏例：広島土砂災害、荒砥沢地すべり、つくば市の竜巻、2022年札幌大雪など

■ 5巻セット（分売可）
17,600円（本体16,000円＋税）
■ 各巻
3,520円（本体3,200円＋税）
■ AB判
■ 平均56ページ

執　筆 ⬤ 山岡　耕春（名古屋大学 教授）
（執筆順）
　　　　　鈴木　毅彦（東京都立大学 教授）

アクティビティ
監修 ⬤ 矢守　克也（京都大学 教授）

写真・
資料提供 ⬤ 朝日新聞社／Agencia EFE／アフロ／NHK／御嶽山火山防災協議会／鹿児島市立黒神中学校／鹿児島読売テレビ／気象庁／木下真一郎／黒澤達矢／Cynet Photo／JA鹿児島みらい／時事通信フォト／静岡県立中央図書館歴史文化情報センター／島原市／島原市安中地区まちづくり推進協議会／白尾元理／鈴木毅彦／東海大学情報技術センター（TRIC）／洞爺湖有珠山ジオパーク推進協議会／内閣府／長野県木曽町／那須岳火山防災協議会（那須町・那須塩原市・栃木県）／野田收（新島ガラスアートセンター）／箱根町／富士山火山防災対策協議会（山梨県・静岡県・神奈川県）／富士山ハザードマップ検討委員会／Hokkaido Chizu Co., Ltd. /amanaimages／毎日新聞社／美斉津洋夫／読売新聞

p.41 の「クロスロード」は、チーム・クロスロードの著作物で、登録商標です。「クロスロード」：商標登録番号 4916923 号、「CROSSROAD」：同 4916924 号。詳しくは、矢守克也・吉川肇子・網代剛『防災ゲームで学ぶリスク・コミュニケーション：クロスロードへの招待』（ナカニシヤ出版）などを参照ください。

制作協力 ⬤ 株式会社エディット

この本はおもに 2023 年 12 月現在の情報で作成しています。

わかる！　取り組む！

新・災害と防災

③ 火山

2024年 2 月 5 日　印刷
2024年 2 月10日　初版第 1 刷発行

編集者　帝国書院編集部
発行者　株式会社　帝国書院
　　　　代表者　佐藤　清
　　　　〒101-0051　東京都千代田区神田神保町3-29
　　　　電話03（3262）4795（代）
　　　　振替口座　00180-7-67014
　　　　URL　https://www.teikokushoin.co.jp/
印刷者　小宮山印刷株式会社
©Teikoku-Shoin Co., Ltd.2024 Printed in Japan
ISBN　978-4-8071-6701-2　C8325
乱丁、落丁がありましたら、お取り替えいたします。